L'étonnant voyage vers votre bien-être au travail

La voie du coach

Nathalie Cortial Vivien

ISBN: 1530344999
ISBN-13: 978-1530344994

Table des matières

Prologue

A mes parents, à tous les parents.

Si on m'avait dit qu'un jour je serais « coach professionnelle »…

C'est tout de même un nouveau métier encore difficile à définir !

Quel parent peut expliquer à ses enfants en quoi consiste le métier de coach ?

J'ai essayé.

Mes parents m'ont permis d'être ingénieur.

C'est donc le métier que j'ai exercé. Pendant 15 ans.

Mon père disait « tu pourras choisir plus tard ». Il avait bien raison, je n'étais pas encore « mûre ».

Puis « plus tard » est arrivé. J'avais presque 40 ans, et j'ai enfin compris, ce que depuis longtemps j'avais senti.

Je n'étais pas une « réelle» ingénieure. J'étais là par hasard, par raison. La technique, cela ne m'intéressait pas vraiment.

En fait, ce qui m'intéressait le plus, depuis toujours, c'était de comprendre comment les gens fonctionnent, ce qui les motive, les transcende, ce qui les rend uniques.

Ce qui me plait, c'est de les comprendre et de leur faire comprendre.

Ce qui me plait, c'est de les écouter, le temps qu'il faut, sans se presser, sans pression.

Ce qui me plait, c'est surtout de leur permettre de réaliser des « bouts de rêves ».

Et de voir le bonheur rayonner dans leurs yeux, et leurs vies.

Je ne savais pas alors que ce pouvait être mon métier, et que ce métier avait un nom…

1. Début du voyage

Cher lecteur,

Le voyage que je vous propose de parcourir ensemble à travers ce livre est un chemin vers le bien-être au travail.

Avant de vous guider sur cette voie, je vais vous raconter ici un moment clé dans mon parcours professionnel ; non pas qu'il soit un modèle à reproduire, chaque parcours étant bien différent, mais parce qu'il illustre, à travers mon expérience, les clés de mes convictions.

Car le chemin que je vous propose de suivre, je l'ai moi-même parcouru à diverses reprises.

Car la coach que je suis devenue, a tour à tour été, une salariée en mal de bien-être, une manager soucieuse de donner à ses équipes les meilleures conditions de travail et d'épanouissement, une « RH » chargée de développer la qualité de vie au travail, et à tout moment une personne en quête de sens dans sa vie professionnelle, à la recherche de boussole vers son équilibre de bien-être.

« Tout voyage de mille lieues commence par un premier pas. »
Lao Tseu

---

a) Comment j'ai découvert ma voie…

Comme toutes les belles choses dans la vie : par hasard. Mais en ce qui me concerne, je ne crois pas au hasard. Je crois qu'il nous arrive ce que nous sommes prêts à recevoir.

Autrefois, le coach c'était celui qui accompagnait ses voyageurs d'un point de départ vers une destination de leur choix.
Un guide de voyage, un « cocher ».

Au début de ma carrière, de mon chemin, je voyageais beaucoup à titre personnel pour le plaisir d'apprendre et de bousculer mes habitudes, tandis que mon parcours professionnel semblait quant à lui bien tracé, selon une belle ligne droite. Et cependant, petit à petit, une nouvelle voie s'est détachée dans mon paysage, une nouvelle voie à explorer, un voyage professionnel et personnel à entreprendre.
Jeune ingénieur, j'avais une idée nébuleuse du métier de coach, comme beaucoup de scientifiques je ne voyais pas à quoi il pouvait vraiment servir. Sans toutefois en avoir une image péjorative, comme je l'ai parfois entendu dans la bouche de mes collègues les plus méfiants.

Ma découverte du coaching a donc d'abord été une révélation personnelle : une rencontre avec moi-même, comme le début d'un voyage.

Cette expérience unique m'a également conduit vers mon identité professionnelle : celle de coach.

b) Une révélation tout d'abord personnelle

Il y a quelques années maintenant, je m'interrogeais sur la place que je souhaitais occuper dans l'entreprise qui m'employait depuis 13 ans. A cette époque-là, je passais tous les 3 ans d'un poste de chef de projets à un autre poste de chef de projets, sans trop avoir le choix, et sans trop ressentir d'évolution en terme de responsabilités ou d'intérêts. Mais naïvement, j'attendais toujours d'être reconnue pour mes diplômes, mes compétences et mes expériences... Comme tout jeune esprit cartésien, je pensais que logiquement je devrai bien un jour finir par être légitime pour accéder à une position « élevée dans la hiérarchie », qui de ce fait serait enviable, motivante et me donnerait un challenge à réaliser, me donnerait l'opportunité de démontrer mes capacités, de prouver ma valeur, et que ce jour était proche... Or, aucune proposition, aucun poste ne semblait trouver ce sens-là à mes yeux. Etrange ? Où situait-on ma légitimité dans l'entreprise ? Et moi, où souhaitais je réellement me positionner ?

En réalité, je m'étais inconsciemment fixé deux objectifs.

Sans les avoir explicités totalement.

Le premier objectif était de devenir véritablement l'acteur de mon parcours professionnel et donc de ne plus subir les choix d'orientations décidés par d'autres que moi, sur la base d'un schéma « type » de carrière professionnelle. Mais implicitement je voulais arriver à faire mes « propres choix ». Trop habituée que j'étais à accepter des postes pour « faire plaisir » aux autres, me laissant convaincre aisément que « c'était bien pour moi ». Bonne élève, sage et disciplinée… Soumission, un mot terrible que j'ai encore du mal à admettre.

Le second objectif était d'assumer les conséquences de ce choix d'orientation professionnelle. Implicitement aussi d'assumer un choix de vie, basé sur mes motivations profondes, mes centres d'intérêts, et mes critères personnels de réussite, d'épanouissement dans mon travail. Je savais bien au fond que mes critères d'épanouissement reposent largement plus sur la qualité des relations interpersonnelles, et la liberté de penser et d'agir, que sur la position hiérarchique ou le statut social. Même si je n'avais pas encore vraiment renoncé à la reconnaissance sociale que peut donner l'accès à des positions de « top management » : aboutissement logique d'une carrière réussie, avec une formation d'ingénieur, et un parcours à dominante technique et managériale. Pourtant, plus profondément, je voulais que mon action professionnelle rencontre mes valeurs, que je pourrais qualifier d'humanistes. Mais derrière ce choix il y avait un renoncement et même plusieurs renoncements: à la stabilité de ma prison dorée, à la sécurité financière si durement acquise, au regard des autres, à la logique de crise qui voudrait que l'on garde précieusement ce que l'on a acquis…

Ces deux objectifs, faire mon choix et l'assumer, répondaient à un véritable besoin existentiel de trouver du sens à ma vie professionnelle.

J'avais besoin de satisfaire mes valeurs d'indépendance, d'autonomie, de liberté créative, et ce confort psychologique était devenu un objectif en soi : c'était être moi. J'ai envie de rajouter 'enfin'. Mais aussi, j'avais besoin de répondre à une volonté de poser certaines limites de protection, en réaction à une situation antérieure de confrontation au stress professionnel sur la durée : me protéger. Episode plus que pénible mais réellement déclencheur de la logique du choix.

Il était donc important pour moi de clarifier mon choix, de l'accepter et le mettre en action.

J'ai donc d'abord vécu à ce moment-là ce que j'appelle a posteriori « un auto-coaching » en tâtonnant, sans en avoir conscience, ni disposer encore des outils adaptés.

Comme un enfant qui pour apprendre à marcher, tombe de nombreuses fois, et teste différents appuis, différentes techniques, puis réussit à trouver l'équilibre. Son équilibre.

Ma découverte du coaching s'est fait ultérieurement par des rencontres, des lectures et surtout en formation certifiante. La rencontre a été fortuite : la réorientation que j'avais choisie vers la discipline des Ressources Humaines correspondait à ce que je pensais être le plus proche de l'accompagnement des personnes, la psychologie puis le coaching n'en était qu'une infime partie, mais celle qui me semblait le plus riche d'enseignements, or c'était celle que l'on valorisait le moins, que l'on ne détaillait pas.

Me former spécifiquement au coaching m'a permis de comprendre et de décoder les différentes étapes du processus et du cheminement que j'avais expérimenté, et une autre façon de mener ce type de changement, majeur et parfois inconfortable: en étant accompagnée par un « vrai » coach professionnel.

J'ai donc fait le « grand saut » toute seule : celui de quitter cette grande entreprise confortable, pour un avenir plutôt incertain, souhaitant voguer vers le développement des Ressources Humaines, coaching ou pas coaching, on verrait bien... Voler de mes propres ailes.

Pour construire mon projet professionnel par la suite, j'ai été accompagnée par un coach, « coachée ».

Et à l'issue de ce coaching par l'un de mes pairs, j'ai pu trouver ce que je n'attendais pas : un meilleur équilibre de vie et bien mieux intégrer à ma nouvelle situation professionnelle d'indépendante, la satisfaction de mes besoins personnels et le respect de mes valeurs.

De cet accompagnement, j'ai ressenti plus d'épanouissement personnel : plus consciente de mon besoin de temps dédié à l'introspection, à l'apprentissage personnel, j'ai équilibré mes temps de vie en intégrant en premier ce temps qui autrefois venait « à la fin » d'un agenda tellement rempli d'obligations professionnelles et familiales, qu'il était devenu inexistant.

En acceptant de me donner du temps et du plaisir, en inversant ma logique de priorités de temps pour plus de satisfaction globale, j'ai trouvé une meilleure disponibilité pour les autres, une meilleure efficacité relationnelle, un meilleur bien-être global.

- **Un bien-être personnel que je n'avais pas imaginé.**

Une rencontre avec une partie de moi oubliée, négligée, reléguée à l'arrière-plan, et pourtant si utile : car dans notre grande solitude d'être humain, la seule personne qui peut vraiment nous aider, c'est nous-même.

J'ai donc décidé de devenir une amie bienveillante pour moi-même, de me respecter avec tous mes défauts, mes imperfections, mes manques à combler, de me regarder avec lucidité aussi sur tout ce que je savais faire, sur mes capacités, sur mes qualités, et de rechercher ces talents qui devaient être les miens, d'arriver à les nommer et d'arriver à les montrer.

Avant cela, il faut reconnaître que le grand saut n'a pas été un moment confortable : une fois ma décision prise, annoncée et officiellement formalisée, le doute m'envahit, « et s'ils avaient raison, si je prenais 'trop' de risques ? », « que sais-je faire en réalité ? », « suis-je capable de me 'débrouiller' seule ? ». Ce grand saut dans l'inconnu a provoqué une grande fatigue, un moment de profond découragement, une énorme tristesse, celle de la fin d'une époque, d'une vie professionnelle, le deuil de cet âge de jeune adulte. Je me souviens encore comme je fus malade et seule lors de cette transition!

c) Une révélation professionnelle également

Auparavant, j'avais choisi il y a quelques années de m'orienter vers les ressources humaines, par « conviction déductive » que le facteur humain était la clé de réussite des changements en entreprises. J'avais mené plusieurs projets très techniques, informatiques, aéronautiques, géré des budgets, conçu des solutions nouvelles, planifié des livraisons, coordonné des équipes, anticipé des erreurs techniques, prévu des modes de fonctionnement dégradés… J'avais observé que le risque zéro n'existe pas, mais qu'une seule personne peut faire toute la différence dans des budgets de millions d'euros, parce qu'elle aura eu l'idée innovante, parce qu'elle aura eu la détermination jusqu'au bout même dans l'adversité, parce qu'elle aura l'envie, parce qu'elle y croit... J'avais bien repéré aussi qu'une seule personne peut mettre à mal tout un dispositif, parce qu'elle n'aura pas envie de partager l'information avec son collègue, parce qu'elle aura peur d'être jugée et préfèrera ne rien faire ne rien dire, parce qu'elle n'aura pas compris le sens de son action, parce qu'elle n'aura pas osé dire...

Bref, tous ces comportements différents et déterminants, tous ces facteurs humains qui dans l'aérien sont si importants quand il s'agit de prendre des décisions qui engagent la vie de centaines de passagers, c'étaient ceux-là que je souhaitais étudier et influencer positivement.

Mais à presque 40 ans, je m'étais trouvée confrontée au sein de l'entreprise à un manque d'évolutions professionnelles satisfaisant mes critères de développement: Après des expériences très riches. J'avais vraiment apprécié mes rôles de manager, pouvoir faire grandir mes collaborateurs, puis dans le domaine de la prévention des risques psycho-sociaux, j'ai aimé contribuer à améliorer les conditions de travail, la santé mentale au travail. Enfin dans la formation, j'avais trouvé du sens à apprendre et à transmettre : ce vecteur-là m'avait toujours semblé pouvoir transformer positivement le travail et le sens qu'on lui donne.

A presque 40 ans, je souhaitais naïvement « accompagner les changements » auprès des salariés : cela signifiait pour moi intervenir tout autant au niveau individuel que collectif. Je pensais pouvoir contribuer à gérer les carrières et gréer les projets de l'entreprise, dans une logique de co-construction des parcours, en prenant en compte les motivations des personnes, en favorisant le développement actif et permanent de leurs compétences et de leur employabilité, avec une idée claire du résultat auquel aboutir : s'épanouir au travail, c'est la meilleure façon de réussir. Douce utopie, vision idéaliste sans doute du développement des Ressources Humaines dans une organisation où l'objectif reste d'assurer sa survie économique et financière.

Je savais précisément ce que je voulais faire, sans savoir que ce métier existait vraiment et qu'il portait un nom.

▪ Observer des signes de bien-être « constructifs »

Comme animatrice en formation ressources humaines, j'avais participé à mettre en place et pratiquer certaines modalités d'apprentissage innovantes, comme le co-développement : cette formation qui privilégie les mécanismes d'interaction relationnelle (se parler, s'écouter, s'enrichir, s'entre-aider, des choses finalement très simples), aide les personnes à prendre du recul, à mieux se connaître, à réfléchir collectivement sur l'action individuelle, à recevoir du feedback avec bienveillance, et à se mettre en action.

Cette approche, si simple, m'avait interpelé par son effet

bénéfique ressenti par les participants sur leur « mieux-être dans le travail » : en acceptant de livrer leurs zones de progrès dans un cadre sécurisant, en recevant du soutien social de leurs collègues, les participants se sentent plus en confiance, moins seuls, plus sereins face à des situations complexes et envahissantes. Et contribuer à ce mieux être me rendait simplement l'impression d'être utile.

J'avais aussi pu expérimenter à ce moment-là ce que « l'intelligence collective » veut dire et comment le lien social apporte innovation et bien-être.

Par ailleurs, j'avais également eu l'occasion de participer à la mise en place pour les responsables Ressources Humaines, d'un dispositif leur permettant de mieux se connaître par le « feedback » de leurs interlocuteurs : un retour bienveillant et anonyme sur la perception de la pratique professionnelle, du relationnel personnel etc. Ce feedback restitué individuellement, ces retours de « perceptions » sur les talents et points forts, permettaient aux personnes de prendre conscience de leur impact relationnel surtout orienté dans ce qu'il a de positif, ce qui m'avait également convaincue de l'efficacité des outils mettant en lumière les « ressources » des individus : Ces outils apportent de la confiance, de l'énergie nécessaire pour aborder les changements importants, et donc une meilleure qualité de vie dans un environnement de travail qui peut être sous contraintes et fortement anxiogène.

Ce retour sur les points forts était d'autant plus apprécié qu'il est extrêmement rare de dire aux autres ce qui va bien chez eux, tant nous sommes habitués au « syndrome du stylo rouge » qui pointe dramatiquement les erreurs et ne mentionne jamais toutes les réussites, considérées comme normales ! Nous sommes formatés dès l'enfance pour regarder nos erreurs avec effroi ! Dans une logique illusoire de perfectionniste éternellement insatisfait !

Et si l'on adoptait plus souvent le regard de l'optimiste ! Faites l'expérience, faites un retour positif par jour à vos proches, et vous verrez leur attitude à votre égard devenir plus positive également.

Se centrer sur ce qu'il y a de bien chez chacun, renforcer l'optimisme qui aide à avancer.

Le coaching est venu compléter ces outils et pratiques mais surtout enrichir et élargir la vision du métier que je souhaitais pratiquer: la posture de coach est pour moi, celle qui combine ses différents types d'accompagnement et d'aide, à l'orientation notamment, mais aussi en formation en n'adoptant pas une position de sachant, de « position haute sur le contenu » comme disent les coachs, sachant dont le rôle est de délivrer son savoir.

Le coach adopte quant à lui une position basse sur le contenu, sur le savoir, une attitude plus humble face à ses propres limites, favorisant l'émergence des savoirs chez les autres. Il est garant du « cadre », de la méthode, des règles de fonctionnement, des valeurs de la relation d'aide. Mais il n'est pas un sachant.

C'est celle que j'avais intuitivement choisie et que j'ai délibérément retenue suite à ma formation et certification de coach.

En « disciple » de Socrate, j'ai toujours su que je ne savais rien, ou pas grand-chose quand il s'agit de la réalité qui est bien une construction de l'esprit…

Devenir coach avait du sens pour moi.

d) Le sens de la voie

- **C'est quoi, « être coach » ?**

Dans mon évolution professionnelle comme « consultante-formatrice-coach » (c'est ainsi que la fiche métier identifie cette profession protéiforme), comment faire comprendre mon métier de coach ? Le décrire comme un accompagnement personnalisé, qui part de la demande d'un individu de vouloir changer quelque chose dans sa vie professionnelle ou dans son organisation, lui permettre de clarifier ses objectifs, favoriser l'émergence de ses propres talents, autoriser ses potentiels à se réaliser le plus librement possible, l'aider à trouver des solutions nouvelles, inédites, aux problèmes de plus en plus complexes, tout en respectant son écologie et sa sécurité ontologique. C'est un jargonnage joliment dit mais finalement loin d'être concret pour les non-initiés !

Tant qu'on n'a pas vécu un coaching soi-même, il est difficile de le comprendre. D'où l'idée de ce livre : illustrer ce que signifie « aider quelqu'un à réaliser ses projets, à atteindre ses objectifs »… ce n'est ni faire à sa place, ni le pousser à faire. Un coach, c'est un entraineur ? Un miroir ? Un révélateur ? Tout cela en effet, et plus encore !

D'autant plus, que la forme est plus importante que le fond : quand on a un objectif, est-il important de l'atteindre 'coûte que coûte' ? Tous les moyens sont-ils bons pour parvenir à ses fins ?

- **Dans le coaching, le « comment » est important.**

« Seule compte la démarche. Car c'est elle qui dure et non le but qui n'est qu'illusion du voyageur quand il marche de crête en crête comme si le but atteint avait un sens. »
Antoine de Saint-Exupéry

Ce que j'apprécie, comme coach, pour aider une personne à trouver ses propres solutions, c'est pratiquer l'approche empathique de Carl Rogers, psychologue humaniste nord-américain. La méthode élaborée par Carl Rogers, l'approche centrée sur la personne, met l'accent sur la qualité de la relation entre le thérapeute et le patient (écoute empathique, authenticité et non-jugement), approche appelée non-directivité.

Le coach n'est pas un thérapeute, la personne qu'il accompagne n'est pas un patient, généralement cette personne est appelée «le client» (parfois «le coaché») mais dans la relation d'aide, le coach trouve une réelle valeur à écouter et accepter sans juger, se faire le miroir de « son client» pour que la relation soit le vecteur des possibles. Douceur et bienveillance, mais aussi rigueur et exigence.

La relation même dans le coaching individuel est la clé, comme un levier (ou un outil) permettant au client, s'il le souhaite, de se repositionner au centre de sa vie professionnelle, par la reconnaissance de son pouvoir, de son unicité, par la satisfaction de ses besoins, l'alignement entre ses valeurs et ses comportements, par l'amélioration de l'estime de soi.

Ce que l'on découvre sur soi pendant un coaching, sur son comportement, sa personnalité, ses préférences, dure bien plus longtemps que la joie d'avoir atteint un objectif (que l'on aura vite oublié si tôt qu'un nouveau nous occupera l'esprit). En revanche, la confiance en ses capacités, l'estime de sa propre personne resteront comme des acquis que l'on pourra de nouveau solliciter.

La relation de coaching rend acteur.

Elle rend possible les « idées folles » auxquelles on n'ose habituellement pas penser. Pas le temps, pas le droit, pas l'argent, etc. Tous les prétextes sont habituellement invoqués !

Elle redonne confiance.

En pratique, la relation de coaching rend possible une meilleure qualité de vie au travail, que j'oserai appeler le début d'un épanouissement professionnel : le plaisir et l'efficacité enfin réconciliés au travail.

- **Ce que j'ai appris lors de ce « premier pas de mon voyage »**

Voilà donc comment s'est déroulé mon changement de voie professionnelle : d'une voie dite « royale », d'un chemin de carrière bien tracé, mais dont l'horizon était devenu brouillé à mes yeux, et dont le quotidien ne m'apportait plus le sentiment de satisfaction personnelle, j'ai pris conscience qu'une bifurcation est toujours possible.

J'ai appris à identifier ces moments, ces situations professionnelles qui me donnent du sens, en phase avec mes valeurs et mes besoins.

J'ai appris à faire confiance à mon intuition et à demander de l'aide, à un coach, à mes proches, à des contacts professionnels aussi.

J'ai appris que les difficultés, les efforts et sacrifices sans garantie de succès, ne donnent que plus d'importance et de valeur au paysage qui se dégage au bout du chemin, quand on sort du bois dans la clairière à ciel ouvert !

Je vous propose donc de se lancer à présent sur la piste, sur le chemin vers le Bien-Etre au Travail. De scruter tout d'abord l'horizon, le bien-être au travail et de chercher ensuite les moyens d'y parvenir, en toute sécurité.

2. Destination Bien-être au travail : rêve ou réalité ?

« J'ai décidé d'être heureux parce que c'est bon pour la santé. »

Voltaire

Telle la tortue de la fable, j'ai mené une lente exploration du chemin qui va de la recherche d'une « qualité de vie » ou bien-être professionnel jusqu'au coaching. Un chemin qui a pris quelques années. Chemin intellectuel tout d'abord que je vais retracer ici.

a) Faire le choix de la Qualité de vie au travail

Pendant quelques années, j'ai eu « en charge » l'amélioration des conditions de travail, de la santé et de la sécurité de plus de 20 000 salariés. Mission, qui prise au sérieux, n'est pas une mince affaire.

Dans le domaine de la santé au travail, le législateur a intégré les risques psycho-sociaux et donc la préservation de la santé mentale.

Plus personne ne doute que le stress soit un enjeu de santé public et qu'il affecte l'entreprise à la fois médiatiquement, juridiquement, économiquement, socialement.

Humainement.

Ainsi, agir pour prévenir et guérir des effets du stress, est devenu légitime en entreprise. En revanche, agir en prévention « primaire » (en amont), se préoccuper de développer du bien-être chez les salariés sans attendre des manifestations symptomatiques désormais bien connues du stress, est encore jugé une question de priorité et peu d'entreprises ont conçu leur modèle managérial et leurs politiques RH en partant de cette vision « people first ».

J'ai observé que la question de la qualité de vie au travail avait ses partisans et ses détracteurs, comme s'il fallait choisir si oui ou non l'engagement et le bien être des salariés « produisait » suffisamment de performance pour s'y intéresser.

Personnellement, je suis convaincue de la nécessité éthique et sociale d'intégrer cette question à la politique RH de l'entreprise.

Et je suis aussi convaincue de son effet vertueux sur la santé économique de l'entreprise. Performance économique et sociale ou performance sociale et économique ? L'interaction entre les deux est tellement liée.

Dans ma thèse professionnelle en management des Ressources Humaines, j'ai souhaité étudier le lien entre engagement dans son travail et performance de l'organisation, ce qui m'a permis de confirmer mes hypothèses, issues de mon intuition de manager salarié : scientifiquement, sur l'échantillon et dans les conditions de mon étude, il existe une corrélation affirmée : plus les salariés seront engagés, plus l'organisation sera performante. Plus encore, j'ai découvert le lien entre la performance de l'organisation et le développement de l'employabilité de ses salariés, ce que précisément je souhaitais les aider à développer en gérant les carrières de manière proactive.

Deux questions majeures ont alimenté ma réflexion sur la méthode et les moyens à proposer au management et aux responsables ressources humaines, pour favoriser la qualité de vie au travail des salariés de l'entreprise:

Qu'est-ce que la qualité de vie au travail, sinon l'état de confort physique et psychologique qu'un individu entretient avec son environnement professionnel ? Comment trouver ce bien-être en entreprise ? (le nouveau graal des organisations). Ce sera la première phase de ma réflexion.

Comment trouver une qualité de vie au travail dans un environnement en changement (permanent) qui implique nécessairement une remise en cause et des phases d'inconfort ? Dans un monde fait de lendemains incertains, ou le salariat autrefois confortable et sécurisant ne sera plus la norme ?
Ce sera la deuxième partie de mon questionnement.

b) Réunir des conditions favorables au départ

Au-delà du confort physique, pour lequel la plupart des entreprises se sont engagées à améliorer de manière continue les conditions de travail, le confort psychologique des individus dans leur environnement professionnel semble devenu de plus en plus difficile à atteindre.

En effet, plusieurs facteurs de tous ordres, économiques, sociaux, sociétaux, légaux, viennent superposer complexité et incertitude dans les conditions de travail de nombreux salariés. Et affectent parfois leur santé mentale. Certains salariés n'ont-ils pas le sentiment de devoir « donner plus au travail, produire plus vite, moins cher que les concurrents, en respectant des normes et procédures toujours plus nombreuses et complexes, dans des conditions de vie, de logement et d'emploi toujours plus dures, éclatées… » ?

- **Etat des lieux du paysage professionnel français, une réalité insatisfaisante**

Selon une étude de l'INRS réalisée en 2000 pour évaluer le coût du stress, (on peut retrouver sur le site internet www.inrs.fr toutes les études SUMER, résultats fournis par la DARES), 1 salarié sur 2 déclarait travailler dans l'urgence, 1 salarié sur 3 déclarait recevoir des injonctions contradictoires, 1 salarié sur 3 déclarait vivre des situations de tension. L'accumulation de facteurs liés à l'organisation du travail comme le manque de clarté des rôles dans les organisations matricielles, la surcharge de travail, les exigences contradictoires, ou de facteurs liés aux relations du travail comme le manque d'aide de la part des collègues ou du management, l'isolement, l'absence de reconnaissance, l'ambiance de travail dégradée, peut générer chez les individus des phénomènes de stress professionnel.

Quinze ans après, comment a évolué la situation ?

Toujours autant de pression, voire plus, pour le travail en urgence : 57 % déclarent avoir un rythme de travail imposé par une demande extérieure obligeant à une réponse immédiate. 56 % disent devoir interrompre une tâche pour en faire une autre non prévue et pour 44 % de ceux qui sont concernés cela perturbe leur travail. La tension est instaurée par un contrôle permanent pour 1 salarié sur 3 : 27 % disent être soumis à des contrôles ou surveillances permanents exercés par la hiérarchie. Quant à la marge de manœuvre, plus de 1 salarié sur 3 en est dépourvu : 36 % déclarent ne pas pouvoir faire varier les délais fixés pour réaliser leur travail (INRS, Source enquête SUMER 2010. Dares Analyses, mars 2012, n°023)

La traditionnelle « semaine de la Qualité de Vie au travail » (QVT pour les initiés) fournit chaque année l'occasion de constater l'évolution des attentes des salariés en matière de bien-être au travail. En 2013, l'étude menée par l'ANACT (Agence nationale pour l'amélioration des conditions de travail) mettait en avant la notion de respect, de reconnaissance et d'épanouissement.

- **Des démarches collectives engagées pour prévenir des « risques psycho-sociaux »**

Une démarche organisée par l'entreprise, visant à promouvoir cette « Qualité de vie au travail », démarche nommée il y a encore peu « prévention des risques psycho-sociaux », consiste bien à s'assurer que chaque salarié trouve dans l'exercice de son travail des conditions favorables à sa santé mentale. Ces démarches vertueuses débouchent essentiellement, aujourd'hui encore, vers de la communication, de la formation des managers, et malheureusement, faute de dispositif efficace, la « prise en charge » individuelle se fait uniquement quand les problèmes sont arrivés à un stade ultime de souffrance, de harcèlement, d'addiction, soit par la médecine du travail ou l'intermédiaire d'un CHSCT (Comité Hygiène Sécurité et Conditions de Travail). Hélas, quand nous en sommes arrivés à ce stade, il est très difficile de dénouer les causes et de revenir à des relations positives. Agir en aval est coûteux et rarement efficace.

Aussi en prévention, nous viserons d'agir en amont, ou tout au moins au plus tard, dès que les « premiers symptômes » apparaissent : absentéisme, présentéisme, mise en retrait, méfiance, incivilités, surcharge de travail, demande de moyens supplémentaires, plaintes répétitives, etc. Ces symptômes sont nombreux et encore une fois c'est à l'échelle d'une équipe, d'une personne qu'il convient de les repérer, de les détecter, d'en parler et d'associer les salariés à la recherche de solutions.

Il est très difficile de définir au niveau collectif une solution unique, répondant aux attentes de chacun, étant donné la diversité des attentes des personnes en termes de facteurs de motivation et de besoins de reconnaissance.

La théorie des attentes de Victor Vroom (psychologue et professeur d'université canadien) donne une définition de la motivation et permet aux managers de comprendre comment ils peuvent obtenir un personnel motivé.
Cette théorie postule que les actions et les comportements des individus sont réalisés dans l'objectif de maximiser le plaisir et de minimiser la douleur.

La motivation individuelle est définie comme le produit de trois composantes : la confiance en ses capacités d'aboutir à son objectif (Attente ou Espérance), la probabilité d'atteindre une rétribution (Instrumentalité) et le bénéfice qui en est attendu (Valence). Ces trois composantes sont très variables en fonction des personnes, et seule une attention individuelle managériale peut permettre de les évaluer.

Même si les théories de la motivation évoluent en permanence, celle de Vroom datant de 1964 reste largement utilisée dans le « monde du management ».

Au vu de mes expériences de manager, de RH, de coach, et aussi et surtout de mon vécu d'ancienne salariée, j'ai développé la conviction que l'individu qui trouve dans son travail une zone de stabilité (ce qui ne change pas et créée du confort), une zone de satisfaction (ce qui donne de la reconnaissance, du plaisir) et une zone de développement (ce qui pousse dans une dynamique de progrès, le « moteur », qui prend en compte les aspirations individuelles) puisse se sentir à l'aise avec son environnement professionnel. Même si ces espaces ont une importance différente selon les personnes.

Stabilité et développement sont indispensables l'un à l'autre. Développement sans stabilité et le risque psycho-social peut apparaître. Stabilité sans développement, et le risque décrit par François Dupuy, sociologue des organisations, dans son ouvrage « Lost in Management », véritable plongée dans le monde procédural de l'entreprise moderne, apparaît : poche de sous-travail, démotivation et déresponsabilisation…

c) Aller plus loin vers le bien-être, est-ce trouver une forme d'équilibre ?

Le bien être professionnel, la qualité de vie au travail c'est le juste équilibre qui permet d'éviter ces situations de sous tension ou de surtension.

Souvent il est question de notre besoin d'équilibre entre vie personnelle et vie professionnelle.

Au sein même de notre vie professionnelle, quel équilibre permettrait de trouver un bien-être et donc une efficacité ?

C'est pour répondre à cette question que j'ai proposé le modèle Codicea qui suit, qui reprend les trois composantes proposées « Stabilité, Progrès, Plaisir » qui vont se traduire pour le salarié par des espaces, des places d'importances différentes dans son poste, dans son quotidien au travail.

- **Conjuguer Stabilité, Progrès et Plaisir**

Le schéma ci-dessous reprend les espaces (temps et lieu), proposés comme conditions favorables au bien-être au travail.

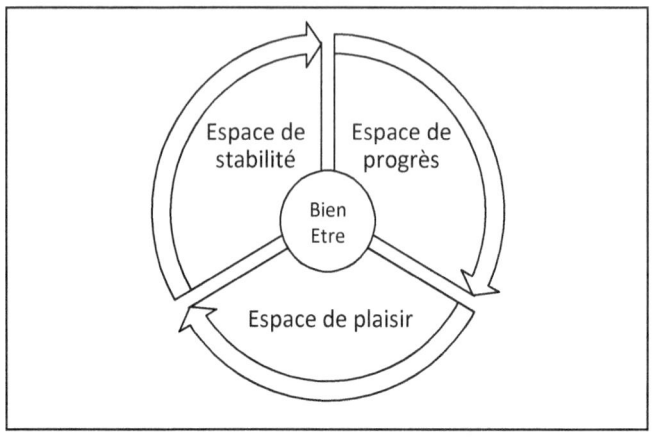

Modèle CODICEA du bien-être professionnel : conditions pour la qualité de vie au travail

- **Comment chaque espace va-t-il se concrétiser ?**

L'espace de stabilité se traduit par un espace de confort dans lequel des repères qu'ils soient spatiaux, temporels ou relationnels, viennent rassurer et apporter du ressourcement. Renforcer ses ressources et ses talents fait partie de cet espace.

L'espace de progrès, de développement, se traduit par l'apprentissage de nouveaux savoirs, savoir-faire ou savoir-être, le partage d'expériences, l'échange de conseils, la possibilité de réaliser des expériences et missions nouvelles. On retrouve ici le besoin de créativité.

L'espace de plaisir se traduit par la satisfaction de besoins de progrès et de stabilité, la fierté ressentie d'exercer sa mission, de réaliser une action agréable, de voir l'accomplissement du fruit de son travail, ce peut être en raison de l'adéquation des aspirations motivations et du travail exercé, en raison du contexte social, de la nature même de l'activité, de la concrétisation d'une activité.

Le plaisir au travail est encore un tabou français. Qui a dit que l'équation « Travail = souffrance » devait s'appliquer impérativement ?

Le plaisir au sens de la satisfaction de nos besoins individuels, est un moteur de développement. L'émotion positive de joie fait également partie de cet espace. Frédéric Lenoir, philosophe et sociologue français, décrit très bien les liens et différences entre plaisir, joie et bonheur dans son ouvrage « La puissance de la joie ».

Plus nous allons vivre d'émotions et de sensations positives au travail, prendre conscience de ce qui les génère, plus nous irons vers le bien-être au travail et dans la vie par conséquence.

- **Des besoins à satisfaire**

Si l'on veut faire le parallèle avec la pyramide des besoins proposés dans les années 1940 par le psychologue Abraham Maslow, l'espace de stabilité, de confort pourrait être rapproché des besoins fondamentaux physiologiques, et de sécurité. L'espace de progrès rejoint le besoin d'appartenance et de réalisation, l'espace de plaisir rejoint le sentiment d'utilité et d'estime de soi, et d'accomplissement.

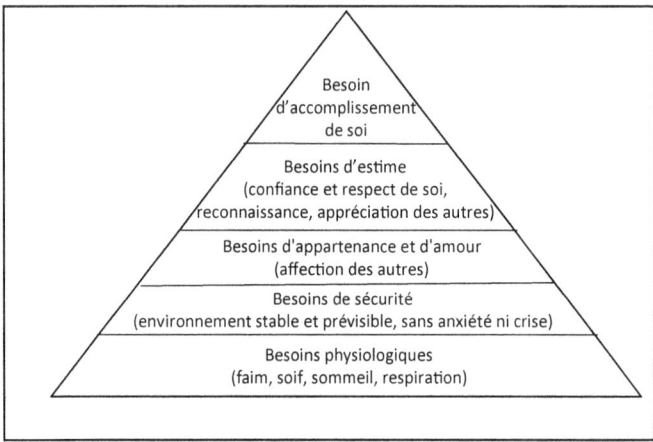

Pyramide des besoins de Maslow

Le parallèle avec Maslow étant amorcé, je nuancerai : il n'y a aujourd'hui plus nécessairement un lien de préexistence entre ces différents types de besoins, plus de « hiérarchie » : les besoins fondamentaux physiologiques et de sécurité ne précèdent plus nécessairement les besoins d'estime de soi et de reconnaissance en termes d'apparition chronologique dans le développement psychologique de la personne dans son environnement de travail.

Devenus indépendants dans leur stade de développement, ils sont cependant interdépendants dans leurs apports : nécessaires les uns aux autres pour faire grandir le sentiment de bien-être au travail.

- **Adapter les moyens à la charge, ou la charge aux moyens**

Par ailleurs, pour revenir à cette notion d'équilibre pour le bien-être au travail, étudions les enseignements du modèle conçu par le sociologue et psychologue américain Robert Karasek en 1979.

Ce questionnaire de mesure du stress au travail a été utilisé pour comprendre les phénomènes de stress, et évaluer le stress des salariés qui peuvent être « cartographiés » en « passifs », « détendus », « actifs », « tendus » comme représentés dans le schéma ci-dessous.

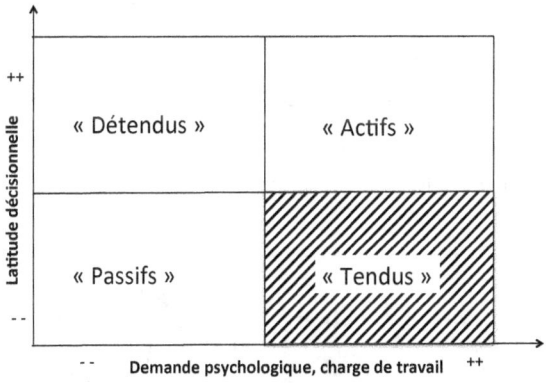

Représentation du Modèle de Karasek

La zone « noire », dite de « job strain » ou tension au travail, est identifiée dans le cadran correspondant à une demande psychologique forte pour une faible marge de manœuvre.

Quand il y a déséquilibre pour les salariés soumis à une forte pression et avec de faibles moyens : « On me demande beaucoup, de plus en plus, et j'ai de moins en moins de moyens, d'autonomie, de pouvoir. » : Voilà ce qui est souvent à l'origine du syndrome général d'adaptation, qu'est le stress, notamment chez les cadres. D'autres modèles ont également mis en évidence l'importance du soutien social pour atténuer cette tension au travail.

- **Rééquilibrer notre balance interne**

En synthèse, c'est encore la définition du stress, retenue au niveau européen et déclinée dans l'Accord National Interprofessionnel de 2008, qui fait cheminer de la prévention du stress à la qualité de vie professionnelle pour arriver vers le coaching : « un état de stress survient lorsqu'il y a déséquilibre entre la perception qu'une personne a des contraintes que lui impose son environnement et la perception qu'elle a de ses propres ressources pour y faire face. »

Situation perçue générant un état de stress sur la durée

Donc, dans une démarche d'amélioration de la qualité de vie professionnelle, il m'apparait important d'intégrer aux pratiques organisationnelles, la possibilité donnée aux individus d'être acteur : d'augmenter la perception de leurs ressources, de leurs capacités et de diminuer la perception des éléments stressants, des menaces, en trouvant des stratégies de réussite.

Comment ?

En prenant conscience, en trouvant du soutien social, en dégageant une marge de manœuvre, de latitude décisionnelle donc d'autonomie.

Ce qui implique également de savoir où poser des limites à la superposition de contraintes issues de l'organisation interne ou externe.

d) Vers qui se tourner ? Un équipage à former

Est-ce que tout cela passe par des campagnes de communication, d'information, traduction dans les entreprises des plans Qualité de vie au travail ? Si l'on veut sensibiliser oui, mais pour agir réellement l'approche interpersonnelle est primordiale, entre le salarié et un représentant « dépositaire de l'autorité » de l'organisation, quelqu'un qui a du pouvoir. Cela passe donc nécessairement par plusieurs acteurs.

▪ Le manager, leader vers le bien-être au travail ?

Mais c'est là que les choses se compliquent pour le manager : il se sent souvent démuni pour concrétiser la qualité de vie au travail, voire « à contre-emploi », lui qui doit souvent défendre et faire appliquer la stratégie dans une logique traditionnelle « top down » d'exécution des directives stratégiques.

C'est là que le coaching peut apporter un espace d'expression sécurisé, d'identification de stratégies de réussite, et un cheminement vers l'autonomie responsable, c'est à dire une meilleure conciliation des objectifs de l'organisation et du respect de la santé mentale des personnes.

En effet, je pense que demander à un manager de déployer une nouvelle organisation et d'être dans le même temps le coach de son équipe en conciliant leur qualité de vie professionnelle, c'est lui demander de concilier des contraires : des objectifs imposés, des contraintes, de temps, de budget, de délais, d'une part, et des volontés, des difficultés individuelles difficilement contrôlables d'autre part.

Pas impossible mais pas aisé : quel salarié va ouvertement accepter de donner à voir ses difficultés à son manager, « sa » réalité dans laquelle il a du mal à faire face aux contraintes, son « incompétence » ? Quel manager va accepter son collaborateur dans son histoire personnelle, dans ses émotions sans tomber dans le jugement et sans l'intégrer au couperet de l'appréciation annuelle ? Peu et peu.

L'extériorité du coach garantit le non jugement, la confidentialité, la confiance et la durabilité des actions : c'est en faisant appel au coach que le manager concilie le développement des organisations, le développement de ses collaborateurs et leur qualité de vie au travail.

Chers managers, et si il était temps de reconnaître ses limites, de faire appel et confiance à un tiers extérieur ?

Le manager de demain, est celui qui sait demander de l'aide, ose se remettre en question, se faire accompagner ; pourquoi ne pas essayer ?

- **Le DRH, pilote de la Qualité de Vie au Travail ?**

S'il y a bien un rôle dans l'entreprise qui a été chargé à la fois de développer la qualité de vie au travail, de proposer des mobilités, des parcours apprenants, des formations, de développer les compétences relationnelles, les promouvoir les talents, c'est bien le DRH !

Après l'époque du « DRH Business Partner » où l'action du DRH était conditionnée à la demande métier et opérationnelle, celle du « tous DRH » où l'on imaginait faire de tout manager le DRH de son équipe, et donc d'une entreprise sans DRH, où l'on pensait pouvoir se passer aussi de toute fonction support, puis celle du DRH gestionnaire du « big data » et donc mieux outillé pour « piloter les talents », la profession va devoir à présent développer l'ère du management 2.0 : celui de l'empathie !

Face à une demande des salariés de plus de reconnaissance, première de leur attente, que peut proposer le DRH ?
Face à une demande d'engagement, de motivation des équipes exprimée par le management, que peut le DRH ?
Face à des demandes qui toutes concernent le lien humain, que peut le DRH ? N'a –t-il pas là un vrai rôle façon « couteau suisse» à jouer ?

Il me semble que la voie de l'accompagnement individualisé est la voie gagnante. Tous les salariés ne sont pas identiques et seul un travail personnalisé et suivi sur la durée peut répondre à ces demandes.
C'est le rôle du DRH de proposer du coaching ou de répondre favorablement aux demandes des salariés et managers qui en émettent le souhait. Quel est le risque ? Voir partir les salariés, guidés vers d'autres horizons ? Sauf à ce que ce soit évoqué dès le départ comme une option envisageable, rares sont ceux qui quittent l'entreprise. Au contraire, les salariés se sentent écoutés, reconnus et donc fidélisés. Investir sans garantie ? Nous verrons en fin de voyage que peu d'investissements sont aussi rentables.

Alors chers DRH, si vous vous tourniez plus souvent, et plus en amont des problèmes, vers des coachs, pour faire grandir vos talents ? Pour mieux rendre tangible la qualité de vie au travail de vos salariés, avant que les symptômes n'apparaissent?

- **Chacun de nous, auteur et acteur de son propre chemin ?**

Bien entendu, le salarié n'a pas attendu que d'autres prennent en charge son bien-être. Sauf qu'aujourd'hui pour beaucoup cela se traduit par un retrait, une forme de protection, qui ressemble à du désengagement. Replié dans une zone de confort.

Pour devenir acteur de son réel bien-être, il est nécessaire à mon sens de retrouver aussi du plaisir à « faire son job ». Pour cela il faut bien se connaître, « faire un travail » sur soi, et retrouver progressivement une zone d'apprentissage, et une marge de manœuvre. Apprendre seul, ce n'est pas toujours possible pour tout le monde. Et pour cause : le temps pour soi n'est jamais celui que l'on prend facilement. Mais bonne nouvelle : cela aussi, ça s'apprend !

Dans ce chapitre, nous sommes allés de la réalité au rêve, sur le thème du bien-être au travail.

Nous avons vu qu'il y a aujourd'hui encore un écart entre d'un côté la réalité donnée par les chiffres, une situation perçue par les salariés, qui se sentent majoritairement en difficulté ou en souffrance, et de l'autre côté le rêve de Qualité de Vie Au Travail, les aspirations en tout cas de reconnaissance, et de meilleures conditions de travail.

Nous avons vu aussi que le rêve de Qualité de vie au travail collectif ne peut passer que par les moyens accordés au bien-être individuel.

Nous avons vu enfin que le coach propose d'être un relai du manager, du DRH, pour diminuer le stress, et apporter les conditions favorables pour augmenter le sentiment de Bien-être.

Nous avons vu que chacun a un rôle à jouer.

Mais nous allons voir que sur le chemin vers le Bien-être, les perturbations et les turbulences font partie du paysage à traverser.

3. Alors tout change ? Tout se transforme ?

Si nous recherchons aujourd'hui le bien-être au travail, c'est bien que nous avons expérimenté son absence ou son opposé : le mal-être dans ses variations que sont l'ennui, le stress ou la souffrance. Cette quête de bien-être est éminemment liée au contexte professionnel, « monde du travail », dans lequel nous évoluons, qui lui aussi a évolué au cours de ses dernières années. Le thème du changement a pris une place importante dans notre quotidien, dans notre monde professionnel, dans notre société.

Je vous propose donc de regarder de plus près ce paysage qui nous entoure, d'observer avec distance et quelques interrogations ce nouveau paradigme du 21ème siècle.

« Rien n'est permanent dans ce monde, pas même nos problèmes. »
Charlie Chaplin

---

a) Un monde professionnel en changement permanent

L'autre voie qui a trouvé une importance capitale dans ma pratique de manager et de RH, a été l'accompagnement collectif et individuel des projets de changements.

Or, comme pour la qualité de vie professionnelle, accompagner le changement est parfois considéré comme une perte de temps, un effort purement intellectuel inutile, une préoccupation sociale superflue, puisqu'il suffit de dire comme cela doit être et cela sera. En réalité, ce sont les échecs cuisants des changements mal préparés qui ont rendu le plus grand hommage à cette discipline, en générant des coûts économiques exorbitants, des coûts sociaux notoires et des coûts en matière d'image tout aussi désastreux.

Le domaine informatique regorge de ces projets de refonte des systèmes d'information, de gestion informatisée de la relation client par exemple, qui non seulement ne parviennent pas à aboutir, génèrent des couts de développement en M€, et se soldent par une décision de réparation du fournisseur informatique à son client et le redémarrage d'un autre projet pour atteindre le même objectif. Dans le secteur informatique, il est communément admis que près de 60% de projets 'échouent' à atteindre leur objectif. Il a fallu du temps pour comprendre qu'un projet informatique est avant tout un changement pour l'utilisateur final et non une prouesse technique !

Beaucoup de questions sont en effet posées pour comprendre et réussir le changement.

b) Que signifie « Accompagner les changements » ?

Il y a quelques années maintenant, on parlait en entreprise de « conduire les changements », sous-entendu avec la forte volonté de les imposer. Le terme est devenu « accompagner » beaucoup plus 'doux', mais toujours mal choisi si l'on entend par là de les construire ensemble.

Qu'est-ce qu'accompagner les changements en entreprise ? Aujourd'hui ?

Qu'est-ce qu'un changement réussi ? Réussi ou acceptable ? Selon quel point de vue ?

Comment le définir, le préparer, le qualifier, l'évaluer ?

Le changement voulu par l'organisation se fait-il nécessairement au détriment du bien-être des personnes ?

Quel est le lien entre l'évolution du travail, de l'organisation et le changement individuel ?

Comment concilier changement organisationnel et qualité de vie au travail des salariés ?

Il est aujourd'hui devenu visible que le travail se transforme sous la pression des multiples contraintes extérieures que nous avons vues précédemment et dont l'accumulation peut expliquer en partie les phénomènes de stress professionnel.

De ce fait, les compétences managériales (comme écouter) devraient évoluer pour mieux s'adapter aux changements des organisations mais aussi des salariés, mais est-ce toujours le cas ? Est-on engagé dans plus de participation, d'échange, d'inclusion ? Pas significativement...

De ce fait, les individus devraient évidemment changer, s'adapter à leur environnement, mais comment le faire au bon rythme et avec un intérêt, une motivation ? Va-t-on vers plus d'engagement, d'implication dans son organisation ? Ce n'est pas vraiment le cas: l'engagement des salariés reste depuis 2009 la problématique RH prioritaire. Les baromètres RH ne font que mesurer des niveaux toujours élevés de désengagement.

Les managers et les individus désirent-ils changer ? Pour faire quoi ou pour devenir qui ? Que leur promet le changement voulu au niveau organisationnel ? Qu'ont-ils à perdre, ou à gagner ?

Comment construire des stratégies de changement gagnantes ? Quel lien entre le changement de l'organisation et l'employabilité des salariés?

- **Accompagner, c'est suivre « la courbe du deuil » ?**

En entreprise, la grille de lecture proposée par Elisabeth Kubler-Ross, psychiatre et psychologue helvético-américaine, pionnière de l'approche des «soins palliatifs» pour les personnes en fin de vie, reste encore pour les professionnels de l'accompagnement du changement, la référence.

On sait par quelles phases nous passons dans le changement et quelles émotions il convient donc d'attendre et d'accompagner à chaque étape. L'avantage de cet outil est de nous décrire précisément par quels stades les personnes qui vivent un changement, passent.

Mais ce que cela nous dit est étonnamment fort : Tout changement est vécu comme un deuil, du déni à la satisfaction, nous allons vivre en fonction du changement des phases émotionnelles d'intensité variable.

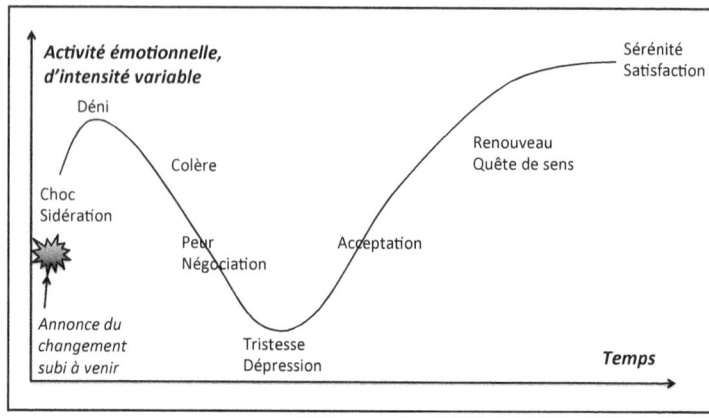

Courbe du changement
(issue des travaux d'E. Kubler Ross)

■ **Accompagner, c'est « positiver » ?**

Peut-on réellement transformer un ennemi potentiel en ami probable?

Le changement nous enlève des repères, nous déstabilise, crée de l'incertitude, de l'inconfort. Et l'on perçoit déjà que par définition, le changement ne génère pas naturellement une meilleure qualité de vie professionnelle, mais une remise en cause de nos certitudes et habitudes. Même si le changement porte sur la rénovation de tel bâtiment, le déménagement vers de nouveaux locaux modernes et spacieux, l'amélioration de tel outil de travail informatique vers une technologie plus récente, la modernisation de tel process, ce qui sera perçu en tout premier lieu sera ce qui est perdu, ce qui est remplacé, ce qui n'existera plus, ce qui par son existence dans le présent avait tendance à nous rassurer et ce malgré toutes les difficultés associées.

Faire d'abord le deuil.

L'exemple le plus concret est le déménagement de bureaux ou de locaux. Tout le monde tient à ses habitudes de proximité, à cette routine rassurante, et qui nous fait gagner du temps, du confort, et donc de l'efficacité. Et lorsqu'une entreprise déménage tout un centre de services de locaux devenus pour elle obsolètes, vers un plateau moderne, lumineux, équipé partout du wifi, tout en open space (sans bureaux individuels), véritable vitrine high tech de la société, elle supprime au passage tous les espaces de convivialité qui s'étaient instaurés avec l'histoire, les regroupements informels dans les bureaux des plus anciens ou extravertis, moments qui soudaient le collectif de travail, des pauses cafés, des pots d'anniversaire ou de naissance avec les collègues, et créaient du lien social, de la transmission de savoir-faire et de la culture d'entreprise. Pire encore quand le nomadisme devient la règle, quand dans l'open space plus aucun espace de travail n'est attribué nominativement, où chaque jour il faut « refaire sa place », il n'y a plus de stabilité ni de confort matériel, il n'y a plus de proximité avec des collègues présents au quotidien. L'organisation qui pense rationnaliser ainsi le temps de présence en temps de travail effectif se prive en réalité de la partie cachée de l'iceberg des savoirs : le transfert informel via le lien humain…

On revient au besoin d'une zone de stabilité, de confort y compris matériel : lieu, matériel, mobilier, collègues. Et donc, changer c'est désagréable ! L'inconfort nécessaire pour accéder peut-être ultérieurement, dans le meilleur des cas, au bien-être, est assez paradoxal. Et la société a pris en horreur de se donner du temps, comme le gout de l'effort, la persévérance dans la tâche, l'acceptation des difficultés et le dialogue pour améliorer et construire ensemble, or c'est en passant par ses étapes là que la réussite aura un goût savoureux et un parfum exquis.

- **Accompagner, c'est écouter et prendre en considération**

Accompagner le changement, ce n'est pas faire appliquer le changement décidé, c'est se préparer à la situation future, en l'anticipant avec les acteurs, en se projetant, en visualisant les risques et les contraintes mais aussi les opportunités et les stratégies de réussite. C'est aussi réaliser au quotidien avec succès les étapes qui mènent au changement. C'est aussi donner une place à l'individu dans le grand tout du collectif. On a vu que le changement génère des émotions à prendre en considération.

Les individus concernés par le changement auront besoin d'un lieu d'expression, d'échange, d'écoute, de participation, d'implication, une place pour chacun, une autonomie de pensée et une responsabilité d'action. Ce qui implique aussi de parfois reconnaître qu'il faut faire quelques pas en arrière pour avancer à nouveau.

Aujourd'hui, 50% des salariés français estiment travailler dans une entreprise qui ne prend pas en compte leur feedbacks (étude menée par ADP research en 2015), et 54% de ceux qui sont entendus ont le sentiment que leur avis n'a pas d'impact sur les décisions prises.

Accompagner le changement, c'est concilier nécessité de changement organisationnel et nécessité de qualité de vie professionnelle des individus, qui passe par une prise en considération de leurs attentes, par une écoute attentive.

- **Accompagner, c'est partager et dialoguer**

Un changement est réussi s'il se réalise concrètement (ou en partie) d'une part. En atteignant les objectifs de performance prévus (ou en partie) d'autre part. Mais aussi s'il est perçu comme réussi, s'il génère de l'adhésion, de la coopération, de l'engagement, de la mobilisation, pour les personnes concernées par les impacts de ce changement. Son évaluation se fait donc aussi individuellement et subjectivement et pas uniquement sur le tableau de bord des indicateurs d'avancement du projet.

L'accompagnement intelligent des changements consiste pour moi à construire ensemble la réalisation des changements nécessaires : le « quoi » est imposé, non négociable, mais sur le « comment », il reste une marge de manœuvre. Sans quoi, comment pourrait-il être approprié ?

On ira donc prendre en compte les énergies, les aspirations, les motivations, les résistances des personnes concernées et les accepter pour faire évoluer en parallèle l'organisation vers sa cible et les individus dans leur parcours de vie professionnelle. Cette conciliation semble parfois impossible tellement nous avons tendance à opposer, à cloisonner, à vouloir maitriser, contrôler et imposer. A rendre des choses incompatibles.

Qu'est ce qui empêche qu'un logiciel techniquement puissant soit aussi le « meilleur ami » de l'homme par son ergonomie, la facilité voire le mieux-être qu'il lui procure ? Ce qu'a très bien compris Apple dans l'approche ergonomique de ses premiers outils comme le iMac ou l'ipod, puis l'iphone, en proposant une ergonomie intuitive mettant la technologie au service de chacun et non pas uniquement des informaticiens.

« Aller vers l'autre pour l'attirer à soi », selon Françoise Kourilsky, docteur en psychologie et auteur de « Désir au plaisir de changer », signifie changer d'état d'esprit managérial, en pensant qu'il est possible de trouver un objectif commun dans le changement. C'est accepter de mener un projet d'entreprise avec la coopération, la contribution active des salariés.

c) Qui veut changer dans l'entreprise ?

Que ceux qui ont envie de changer lèvent la main !

« Nous changeons le monde plus vite que nous pouvons changer nous-même »
Churchill.

Il a été théorisé que changer nous fait souffrir, mais aussi que nous changeons uniquement si nous souffrons, si nous nous sentons inadaptés au monde.

Si le calendrier du changement organisationnel n'est pas nécessairement le tempo du changement humain, alors accompagner c'est accorder du temps d'abord ! Mais il paraît que tout doit aller vite aujourd'hui…

C'est aussi accorder de la vision et du sens. Et c'est aussi là que se situe l'évolution des pratiques managériales : ajuster les besoins de changement de l'organisation aux besoins de stabilité et de reconnaissance des personnes, indispensables pour sécuriser leur propre évolution, et mettre au service de l'évolution de l'organisation les souhaits d'évolution des personnes.

La vision c'est donner à voir ce qu'il peut y avoir après le tunnel, après la zone de flottement, désagréable.

Mais de nouveau se pose la question du « management accompagnateur », qui doit mener de front l'évolution de l'organisation en accord avec les objectifs de l'entreprise, et faire grandir ses équipes en intégrant leurs aspirations, donc nécessairement accompagner individuellement et de façon unique chaque personne. Or il y a une acceptation de l'individu dans son ensemble qui est nécessaire à celui-ci pour prendre conscience et se mettre dans la dynamique de changer son comportement. Alors le manager connaît une difficulté à être coach : il doit aussi imposer certaines règles et limites, et ne peut pas toujours accepter son collaborateur dans son comportement au travail et être un régulateur d'émotions, car il doit fixer les règles et les limites, et les faire respecter. Savoir cadrer et recadrer impose une gymnastique et un positionnement souple du manager.

Ce qui implique qu'il dispose des compétences et du temps pour accompagner ses collaborateurs sur la durée, pour semer et voir grandir, et surtout de la marge de manœuvre par rapport à l'organisation sur les trajectoires pour mener à l'objectif : paradoxalement c'est en période de changement que le besoin de soutien managérial est le plus fort, mais en ces moments-là passer du chef à l'homme ressource est le moins acceptable : en période de changement, c'est le mode de fonctionnement linéaire du chef qui va rassurer l'organisation sur la bonne application des décisions. C'est donc quand tout est stable que le manager peut jouer son rôle de manager coach, « d'homme-ressource », pour se préparer aux changements futurs.

L'accompagnement du changement organisationnel et managérial se fait donc essentiellement en interne et en avance. Mais le changement « réussi » est celui qui respecte la personne dans son intégrité, cette acceptation de son identité est pour moi la clé du désir de changement individuel, qui produira alors le bien être professionnel. Et aura des répercussions positives sur l'organisation, qui en tirera de nombreux bienfaits, bien plus qu'elle n'aurait pas pu en chiffrer sur le papier de son business plan.

Se donner les moyens d'accompagner les changements en avance, c'est aussi contribuer à faire grandir les talents.
Avec un pilier stratégique : aider le manager à accomplir son rôle de leader caméléon.

d) Changer, et accepter la part d'incertitude du changement

> « On mesure l'intelligence d'un individu à la quantité d'incertitudes qu'il est capable de supporter ».
> **Emmanuel Kant**

L'avenir professionnel est devenu incertain pour tous.

Cette nouvelle donne, nous devons l'intégrer, car elle nous incombe comme notre condition de mortels. Finies les carrières linéaires du type « un seul métier toute sa vie dans la même boite ». Voici les carrières nomades du salarié « entrepreneur de soi ».

Chers salariés, prenez votre carrière en main, développez votre employabilité, votre capital social, avant que le changement de votre environnement professionnel ne vous précède.

Alors bien sûr, on ne sort pas du changement comme on était avant, ni comme on l'avait imaginé. Est-ce un problème ?

Pour se projeter dans un changement, j'aime penser que l'effet Pygmalion peut nous aider, c'est à dire de projeter un changement avec des effets positifs, à l'instar d'une prophétie auto-réalisatrice : quand nos croyances influencent ce qui nous arrivent. Simplement croire en ses chances de réussite. Se donner les moyens d'y arriver.

Mais encore ne faut-il pas nier les résistances et les peurs… fort utiles sur le chemin.

Notre peur permet d'évaluer les risques, de préparer des « parades », de sécuriser le minimum nécessaire à notre stabilité psychologique, affective, émotionnelle. Zone de confort, différente chez chacun d'entre nous : pour l'un ce sera d'avoir économisé 2 ans de salaire, pour l'autre d'avoir un conjoint « qui gagne bien sa vie », pour un autre d'avoir fait vivre son réseau et ses compétences, pour un autre retrouver son cocon familial tous les soirs suffira…. Zone de confort, face à laquelle le flot d'incertitudes paraît alors surmontable.

Face à l'impermanence de l'emploi, il devient très utile de connaître sa zone de confort, de sécurité. Puis, savoir accepter l'inconnu est devenu un savoir-être essentiel, une nouvelle forme d'intelligence, qui présuppose de se faire confiance. Or face à l'inconnu, on ignore et on doute, justement on doute aussi de soi. Se faire accompagner par quelques séances de coaching, à ce moment-là, que ce soit pour trouver sa zone de confort ou tracer le chemin de sa zone de développement, permet de trouver sécurité et apaisement, temps de réflexion et d'action, et de franchir un cap difficile.

En synthèse, dans ce chapitre, ce que nous avons trouvé sur notre chemin vers le Bien-être pourrait être qualifié d'environnement hostile !

Des changements partout et de toute sorte, rapides souvent et inconfortables la plupart du temps pour l'individu qui les subit, parfois justifiés par la survie de l'entreprise au prix d'efforts consentis par les salariés sur leur qualité de vie. Faire le deuil de la situation présente engendre inconfort et en fonction de l'impact du changement de la souffrance.

Au-delà de ces changements, dont notre propos n'est pas de questionner ici la pertinence, c'est la façon dont ils sont menés qui peut être questionnée : l'accompagnement qui en est fait, le rythme avec lequel ils sont déployés permet-il aux salariés de s'y retrouver ? Leur permet-il de retrouver sens et plaisir donc efficacité de l'exercice de leur travail ?

Trouver le bien-être au bout du changement reste donc notre exigence. Et pour cela, le coach va proposer un moyen d'accompagnement qui est le sien, qui bien entendu n'est pas le seul, mais dont nous vous proposons de découvrir les bienfaits dans la partie suivante, illustrée notamment d'expériences concrètes.

4. Apprendre à tracer son chemin

Voici que je m'apprête à vous proposer le guide de votre voyage vers le bien-être: le coach bien sûr…

Car vu de ma fenêtre de coach, pour avancer sur ce chemin vers le bien-être, un professionnel du changement humain peut être une aide précieuse dans le monde du travail actuel. J'irai même jusqu'à parler de stratégie de réussite durable !

« Donne un poisson à un homme et tu le nourris pour un jour. Enseigne-lui à pêcher et tu le nourris pour une vie entière. »
Lao Tseu

---

a) Construisons une stratégie de réussite durable

Dans ma vision du bien être professionnel, et le modèle Codicea que je vous ai proposé dans la première partie de votre voyage, il y a trois ingrédients incontournables : « Stabilité, Progrès, Plaisir », à savoir doser en fonction des équilibres personnels.

Mais les « solutions » de réussite vont être différentes en fonction des cultures d'entreprise et de ces fameux équilibres personnels. Aussi nous parlerons de « stratégies » et non de « solutions ». L'entreprise doit vouloir rechercher une forte implication de ses salariés, selon le modèle décrit par Maurice Thévenet, professeur et auteur français d'ouvrages sur la culture d'entreprise, le management, le leadership, et pour qui la culture d'entreprise peut participer au développement de l'implication des salariés.

Dans une entreprise attentive aux conditions de travail, qui est allée s'intéresser à la qualité de vie au travail, puis au bien-être de ses salariés, et qui a développé sa culture d'entreprise sur ces fondations, si l'on interroge les salariés sur les 'symptômes' de leur implication, ils citent en premier lieu l'utilité de leur travail, le concret, ce qui donne du sens, puis le plaisir, la satisfaction, qui vient de leur histoire personnelle, puis la tension ressentie, le besoin de se dépasser, d'aller au-delà de leur acquis, et enfin la fierté ou reconnaissance.

Les conditions nécessaires aux salariés pour être impliqués, identifiées par ces entreprises sont la cohérence entre les paroles et les actes, la réciprocité des relations, et l'appropriation affective des décisions. C'est bien une dimension essentielle que nous avons vu comme devant être intégrée à l'accompagnement des changements.

Pour aller jusqu'à ce stade de maturité dans l'entreprise, si l'on considère que la culture managériale n'a pas nécessairement été construite sur ces bases (récentes), le coaching peut être un outil pour y accéder, pour faire évoluer la culture de l'entreprise vers le bien-être, au service de ceux chargés (ou intéressés) de mettre en place ces conditions favorables au bien être professionnel : salarié, manager, DRH.

Nous verrons que le coaching est reconnu aujourd'hui pour apporter ces fameux ingrédients « Stabilité, Progrès, Plaisir » en facilitant le bien-être d'être soi, d'être soi au travail et avec les autres.

C'est ce que je vais essayer, à travers mon expérience, de vous témoigner ici.

- **En quoi le coaching est un moyen adapté**

Si l'on observe les statistiques sur les bénéfices du coaching, elles semblent « trop flatteuses pour être vraies », et pourtant…
Selon les études demandées par l'ICF en 2009-2010 et 2012 au cabinet de conseil PwC, il ressort deux types de bénéfices : Productivité et bien-être ! La conciliation des deux est donc possible.

Coté productivité, pour 70% des personnes ayant bénéficié d'un coaching individuel, la performance a été améliorée, pour 61% la gestion des affaires, pour 57% leur gestion du temps, pour 51% l'efficacité de l'équipe.

Coté bien-être : la confiance en soi a été améliorée pour 80% des interrogés, les relations interpersonnelles pour 73%, les habiletés de communication pour 72%, et l'équilibre de vie pour 67%.

Observons à présent la réalité vécue par les « bénéficiaires », les « clients » d'un coaching individuel, c'est à dire les personnes accompagnées dans leurs projets de changement.

Réalité telle qu'ils l'ont vécue, telle que le coach de son côté la perçoit et l'analyse, telle que aussi l'organisation en a vu les effets.

Une précision déontologique qui a son importance, les histoires que vous trouverez racontées dans ce chapitre sont issues de mon expérience de coach, mais pour des raisons de confidentialité et d'anonymat, elles ont été romancées, les prénoms sont fictifs, les parcours, les difficultés et questionnements sont remodelés et schématisés pour former des personnages et situations hybrides.

b) Le bien-être d'être soi (et d'être soi aussi au travail)

« La seule façon d'accomplir est d'être.»
Lao Tseu

Le moment est venu de se retrouver.

Surtout, ne lisez pas la suite si vous n'en avez pas l'envie, si le moment n'est pas opportun, si vous n'êtes pas disponible pour vous, si vous n'êtes pas bien installé, si vous n'avez pas respiré assez profondément et lentement au moins une fois aujourd'hui. Car il est grand temps de vous occuper de vous…

Maintenant que vous êtes prêts, continuons…

▪ Trouver de la cohérence

Le premier bénéfice que j'ai rapidement identifié avec le coaching est la cohérence. Cohérence entre un comportement au travail et un « être » intérieur, avec ses valeurs, ses aspirations. On pourrait parler de respect de soi, de bienveillance avec soi-même.

Dans une société de consommation, où le moteur principal est « l'avoir » et la quantité, où le « faire » a remplacé la pensée, le décalage se creuse entre la réalité vécue et la réalité idéalisée ; et comme la frustration est pour beaucoup une découverte tardive, elle est mal acceptée, et de ce fait il y a forcément beaucoup de colère. Et de colère qui ne se dit jamais. Et moins cette colère est verbalisée, plus elle génère de frustration, de ressentiment, et donc de colère… Cercle vicieux. Ainsi va la vie.

J'observe que la colère est l'émotion la plus présente dans notre société post moderne. Avec la peur qui en découle. Dire sa frustration, dire sa colère avec des mots (plutôt qu'avec des actes, souvent violents quand ils sont réalisés sous l'emprise de la colère), c'est déjà commencer à « être soi » et donc à s'observer, et à se libérer. Je suis pour ce progrès anodin, de la parole qui libère de l'émotion qui envahit.

Beaucoup de personnes arrivent en coaching comme « éparpillées ». Je m'explique, quand on fait depuis longtemps un travail dans lequel on ne trouve plus aucun plaisir, quand on est amené à faire appliquer des décisions dans lesquelles on se retrouve plus, quand on a pris l'habitude de se taire pour ne pas s'attirer d'ennuis ou parce que l'on n'ose pas, de ne plus défendre ses collègues par crainte de sa hiérarchie. Le salarié, le manager, n'est plus en phase avec son identité, ses valeurs. Il fait alors des choses sans conviction, il ne possède plus que les attributs de sa fonction. Il s'est créé une armure « spéciale boulot », un masque de protection, qui finit avec le temps par se fissurer de l'intérieur. Il se sent comme dans une coquille vide, il ne se sent plus exister vraiment.

Le burn-out de Corinne

Corinne, 55 ans, cadre supérieur, raconte qu'avant de faire un burn-out, elle était devenue, une machine, un automate, qui exécutait des directives brutales, sans se poser des questions, qui ne voyait pas en ses collègues et collaborateurs, des êtres humains, mais plutôt des ressources à posséder et déplacer. Puis un jour, elle a failli avoir un grave accident de voiture en rentrant chez elle très tard le soir, et depuis ce jour, plus rien n'avait de sens pour elle dans son activité professionnelle. Voilà comment elle est arrivée (après une thérapie) à s'orienter vers un coach, avec un objectif : retrouver un sens dans sa vie professionnelle. Pour l'employeur de Corinne, lui proposer un coaching s'inscrit dans sa démarche de prévention des risques psycho-sociaux, pour éviter aussi que le burn-out ne se transforme en absentéisme longue durée sans espoir de retour.

En permettant à son client de mieux se connaître, de se souvenir de qui il est, le coach lui permet de prendre conscience de ce qui est important pour lui, en travaillant sur ses valeurs: c'est à dire des critères de décision importants pour lui à cet instant, ce qui est vital de préserver, ce qui donne du sens aux décisions prises.

Il lui donne des clés de lecture sur son mode de fonctionnement et d'action (avec l'analyse transactionnelle par exemple que nous verrons ci-après). Il l'aide à observer son comportement, ses ressentis, les impacts de ses comportements dans sa vie et ses interactions avec les autres : quand sont-ils positifs, négatifs ?

Il l'aide déjà à renouer avec le ressenti. Certains cadres dirigeants se sont coupés à tel point de leurs émotions, qu'il leur arrive de ne plus rien ressentir, ni joie, ni peine. Ce fut le cas de Corinne, qui est loin d'être la seule.

L'application d'un cadre sécurisant, que les coachs appellent « 3P » pour « Protection, Permission, Puissance », permet au client de trouver un espace dans lequel il peut être lui-même sans craindre du jugement, s'exprimer librement en toute confidentialité, observer et verbaliser ses émotions, s'autoriser à voir (progressivement ou soudainement) ses points aveugles. Et de ce fait, il peut s'autoriser à penser en accord avec ses valeurs et ses objectifs, puis à se comporter ainsi. Il retrouve qui il est. Unique. Sans norme de référence absolue.

J'ai particulièrement été surprise de voir des personnes « (re)devenir » elles-mêmes, ne plus se culpabiliser de penser par elles-mêmes, d'assumer leurs choix

Corinne a finalement repris une activité sans management, en expertise, après une formation en « prévention et sécurité des risques professionnels ». Son vécu a été déterminant dans ses choix de carrière ultérieurs à son accident.

Sofia et le regard des autres

Dans un coaching où le démarrage a été laborieux, la confiance peine à s'installer : Sofia, 42 ans, fonctionnaire, veut passer un concours pour accéder à une fonction supérieure à la sienne, mieux rémunérée et mieux cotée. Elle peine à « s'y mettre », procrastine, et évite soigneusement de réaliser tous les petits pas, petites actions utiles à son projet, que nous déterminons ensemble à la fin de chaque séance. Sofia se cache, derrière un rôle social, derrière des prétextes à ne pas faire, puis cela a été un déclic : au bout de la 6ème séance, quand je lui renvoie que j'ai l'impression que le coaching ne lui permet pas d'avancer et que peut-être il faudrait arrêter si cela ne répond pas à ses attentes, elle accepte alors d'être telle qu'elle est, et de le dire : de reconnaître vis à vis d'elle même qu'elle fait un métier qui lui plait à elle, même s'il ne fait pas l'unanimité autour d'elle. Elle a le droit d'être fonctionnaire, d'aimer son métier, et de se respecter. Elle n'est pas obligée de changer, de rechercher une évolution à tout prix, de passer un diplôme, dont elle n'a pas envie. Elle renonce à faire ce que les autres veulent pour elle, elle décide de ne pas poursuivre un objectif qui n'est pas le sien, mais de réorienter ses efforts dans son travail actuel. Après cet acte fondateur d'assumer son identité professionnelle, un bien-être et une sérénité se dégagent.

C'est ce que j'appelle le bien-être d'être soi. Il y a un vrai plaisir à se retrouver soi sans être jugé, critiqué, on est dans sa zone de satisfaction, exercer le métier qui nous correspond, dégagé des considérations sociales. Sofia n'a plus eu de problème pour réaliser les actions qu'elle s'est désormais fixées, qui font maintenant sens pour elle.

Elle a remplacé de son vocabulaire les « il faut que je » par les « j'ai envie de ».

Et vous, en pratique :

Si vous vous observiez durant une journée au travail, que diriez-vous de vous, de vos comportements ? Lesquels reflètent qui vous êtes vraiment?

....

....

....

....

....

▪ Trouver du sens

> « Votre temps est limité, ne le gâchez pas en menant
> une existence qui n'est pas la vôtre. »
> Steve Jobs

Au-delà de ce premier bien-être ressenti à être soi-même, la personne est accompagnée pour (re)trouver du sens dans son travail. J'apprécie particulièrement de travailler ce point avec des outils de projection très puissants que les coachs connaissent bien, notamment un outil (les domaines de conscience) que l'on doit à Grégory Bateson, anthropologue et psychologue américain, à l'origine de « l'école de Palo Alto », dont les travaux ont permis de mieux comprendre les mécanismes de communication, et les interactions des comportements. Ce dont nous faisons parfois l'expérience la plus simple mais la plus révélatrice : quand je change de comportement, les autres sont obligés de changer à mon contact, pour s'adapter à mon changement de comportement. Bateson a été influencé par la cybernétique, l'étude des systèmes, des boucles d'action et de rétro-action.

Aux moments clés pour la personne, comme des prises de décision importantes par exemple, nous allons donc vérifier qu'elle est dans « sa » bonne direction, pour cela nous allons visualiser si ses « domaines de conscience » sont bien cohérents. Par domaines de conscience, nous entendons : son environnement, ses comportements, ses capacités, ses croyances, son identité, son appartenance. Ceux-ci sont aussi appelés « niveaux logiques » par les coachs : ils permettent de démêler une situation difficile, bloquée, d'y voir plus clair, et de se préparer à l'action.

La mise en œuvre de cet outil peut surprendre parce que nous faisons un déplacement spatial debout dans notre espace de travail géographique, en suivant des feuilles indiquant les différents niveaux logiques, comme des stades de progression, feuilles disposées au sol comme les cases d'une marelle, ce qui va permettre d'ancrer cette progression. (Saviez-vous que marcher aide à apprendre ?)

J'ai pu observer qu'une personne « alignée », c'est à dire qui se retrouve à l'aise totalement et logiquement dans son comportement, ses compétences, ses croyances, son identité et son sentiment d'appartenance ressent à la fois de bien-être et d'efficacité personnelle : elle se projette dans une action qui a une signification pour lui. Ainsi quand il m'est arrivé de voir un client 'ne pas aller au bout' mais bloquer sur un niveau, j'ai pu visualiser que la personne n'était pas prête à engager l'action qu'elle s'était assignée, ce qui s'est révélé exact. Qu'il manquait des apprentissages pour qu'elle se sente à l'aise avec cette action.

C'est le moyen d'identifier ce qui manque encore pour réussir le changement.

L'entretien d'embauche de Marion

Marion, 45 ans, est encore en poste et en parallèle en recherche d'emploi depuis qu'elle a appris son licenciement économique, quand son employeur me contacte pour l'accompagner dans sa transition. Encore en poste, le deuil est difficile à faire pour Marion, la sidération est forte. Cependant, de nature combattive et dynamique, elle n'a pas perdu de temps pour se mettre à fond dans sa recherche. Quitte à ne pas s'autoriser à passer par les phases de colère et de tristesse nécessaires pour ensuite retrouver du sens. Lors d'une séance, elle souhaite se préparer à un entretien d'embauche et je l'aide à se préparer, à dérouler le scénario de cet entretien tel qu'elle voit qu'il se déroulera pour elle : depuis le lieu du rdv, comment elle va s'y rendre, la configuration de la pièce, la personne qu'elle va rencontrer, elle me décrit la tenue qu'elle porte, ce qui est important pour elle, ce qu'elle dit pour se présenter, ce qu'elle va chercher à faire passer comme message. Puis je l'interroge alors sur les atouts qu'elle peut faire valoir, sur ses capacités à ce moment-là, et je la vois douter d'elle-même. Elle sort de la projection, du film que nous étions en train de visionner: Marion ne se sent pas prête, pas convaincue de ses compétences, de ses capacités à convaincre à ce moment-là. Elle ne croit pas en être capable. Elle a voulu aller vite vers une solution, mais quelques étapes intermédiaires sont encore nécessaires. Nous retravaillerons donc en priorité l'identification de ses forces, de ses atouts pour décrocher le poste, « être la bonne personne ». Avant de se lancer, il est nécessaire qu'elle en prenne conscience. Pour son employeur, que Marion soit capable de rebondir est important, mais la notion du temps est très relative pour les différents protagonistes.

Pour les personnes qui déclarent ne pas trouver de sens dans leurs actions quotidiennes au travail, retravailler dans ce cas la question des valeurs, et la façon de les alimenter, est synonyme de prise de conscience et de satisfaction.

Ce qui est très efficace pour moi, c'est le rôle que tient le coach, de guide et non de prescripteur, le coach n'a pas d'avis préconçu sur ce qui est bon pour son client. Ce qui permet à son client de retrouver sa zone d'autonomie : c'est lui-même qui décide et s'engage sur le contenu de son coaching, sur les actions qu'il souhaite mettre en place.

Au début du coaching, il arrive que le client demande « à ma place, vous feriez quoi ? ». Il cherche ainsi à avoir la position du coach, qui sera forcément juste et bonne. Mais cela ne fonctionne pas, je dois le décevoir : « Je ne suis pas vous, ce qui marche pour moi ne marche pas forcément pour vous. Et réciproquement. » Passé le moment de déception, quel est ce coach qui n'a pas la solution à mes problèmes ! se dit le nouveau client. Je le rassure : « Vous allez trouver vos solutions, si vous le souhaitez, je suis là pour vous y aider. »

Le client n'est pas en position de subir mais doit apprendre à être soi et l'assumer. Quand l'apprentissage est devenu une réalité, c'est à ce moment que la satisfaction arrive, comme une reconnaissance, une fierté.

Et vous, en pratique ?

La fin de la journée de travail arrive, vous rentrez chez vous; dans quel état d'esprit êtes-vous ?

Qu'avez-vous réalisé aujourd'hui, dont vous vous sentez fier, satisfait ?

....
....
....
....
....
....

▪ Renforcer l'estime de soi

Comme nous l'avons vu, un bénéfice obtenu par le coaching individuel est de toute évidence de mieux se connaître. Mais au-delà, de nombreux outils guident la personne vers la juste estime de soi, en lui donnant l'opportunité d'oser de nouveaux comportements et de voir ce qu'ils génèrent en retour.

La reprise d'activité d'Elodie

Elodie, 38 ans, s'est arrêtée de travailler pour élever ses filles. Après plusieurs années d'inactivité, se remettre en selle sur le marché de l'emploi n'est pas chose aisée. Elle vient donc voir un coach avec pour objectif très pragmatique de reprendre une activité professionnelle. Et aussi avec le rêve de pouvoir exercer professionnellement à la fois une activité à temps partiel qui la sécuriserait financièrement, et en parallèle une activité liée à sa passion qu'elle exercerait en indépendante auprès de particuliers. Son parcours alternant des activités salariées et des contrats intermittents, semble de prime abord décousu à ses yeux. Elodie doute de ses capacités à atteindre son rêve, elle ne sait pas par quel bout s'y prendre, comment faire pour créer un site internet, comment se faire connaître dans une activité d'indépendante, comment faire appel à des anciens clients pour témoigner, comment se faire recruter comme salariée, comment trouver les bonnes portes d'entrées, comment postuler à des offres, etc... Comment décomposer cette montagne en petites étapes accessibles ?

En s'écoutant attentivement raconter son parcours, ses hauts et ses bas, Elodie prend conscience que les contextes humains sont déterminants dans ses diverses expériences successives, et dans les changements qu'elle a réalisés : Elodie apprécie de travailler en équipe, avec le sens du service, du conseil. D'apparence très réservée, Elodie a besoin des autres pour avancer.

Tout le travail de création de son projet professionnel se fera par et grâce à des rencontres, des échanges, des interactions relationnelles avec ses proches, dans lesquelles elle va s'engager et progresser. Elle va oser renouer avec des anciens contacts et en prendre de nouveaux, demander de l'aide,… De fil en aiguille, au cours des discussions, qu'elle déclenche, elle chemine, elle trouve des idées innovantes, qu'elle teste auprès de ses proches, de ses amies, et se lance…

Lors de son bilan, elle témoigne de sa grande fierté d'avoir accompli des choses dont elle ne se sentait pas capable auparavant. A la fois fière du résultat, des activités qu'elle a réussi à obtenir ou à créer, et de la façon dont elle l'a fait, avec les autres.

J'ai rencontré chez mes clients, surtout femmes, un sentiment de jugement négatif sur leurs capacités, leurs façons de faire, trop comme si ou pas assez ça, pas à la hauteur (de quoi ?), jugement négatif aussi sur leur personnalité qui serait la cause de bien des problèmes. L'effet pervers de ces croyances négatives sur soi est bien de les empêcher, soit de se regarder en face, soit d'agir autrement, car si l'on est ainsi rien ne sert d'essayer de réussir. Ces croyances dites « limitantes » sont évidemment un frein au développement, une soi-disant fatalité des comportements à reproduire toujours la même chose, ce qui revient à légitimer le jugement négatif sur soi puisque ce sont toujours les mêmes effets.

Alors, Mesdames, Mesdemoiselles, « wonderwoman du quotidien », si vous croyiez en vous, que se passerait-il ? Ce n'est pas parce que les autres ne vous le disent pas qu'ils ne croient pas également en vous…

Le coach accepte son client sans jugement, sans critique, et sans reprendre ce soi-disant état de fait, le questionne sur les évènements à l'origine de ce phénomène de généralisation, sur le résultat qui serait attendu à la place, et le laisse entrevoir la possibilité qu'il est capable de faire autrement. Et le bénéfice qu'il peut en attendre. Il l'aide à tester, expérimenter, oser faire autrement, en évaluant les risques de façon à protéger son client dans cette étape audacieuse. Que risque-t-il à oser donner son opinion, établir le dialogue avec cet interlocuteur hostile, à demander des informations voire de l'aide ? Rien ! Le plus étrange, est le sentiment que rien ne s'opposait à ces nouveaux comportements si ce n'est la routine, la peur, le manque de confiance en soi.

Le coach étudie la sémantique : de quoi parle son client ? Comment s'exprime-t-il sur lui-même ? A-t-il tendance à se dévaloriser, à interpréter des liens de causes à effets en sa défaveur ? Généralise-t-il les ressentis qu'il provoque chez les autres ? « On me dit que je suis trop gentille, je me fais toujours avoir ! » Qui dit cela ? Comment le sait-il ? Trop par rapport à quoi, à qui ? Toujours, c'est combien de fois ? Quelle est « la norme » ? Etc.

Le coach questionne, pour remettre en question ces certitudes limitantes et négatives, qui n'ont qu'un effet pervers. La personne prend conscience du caractère absurde de se cataloguer comme un cas perdu. Et surtout du fait que l'on devient ce que l'on dit de soi. Répétez chaque soir avant de vous coucher, « je suis digne d'intérêt ! » il se pourrait que cela suffise à le penser réellement.

Le coach aide son client à sortir d'une sorte de fatalité négative.

J'ai aussi souvent utilisé le renforcement des ressources, des talents, telles que citées par la personne elle-même, sa zone de confort, de stabilité dans laquelle elle se sent en confiance pour agir. La personne est reconnue dans ce qu'elle a de ressources positives, ce qui renforce son estime de soi.

Et vous, en pratique ?

Si vous deviez citer vos 3 principaux talents, quels seraient-ils ?

Les utilisez-vous dans votre travail ?

....

....

....

....

....

Nous avons vu qu'être soi, c'est se relier à son identité intérieure et accepter son unicité. C'est pouvoir se sentir cohérent entre ses valeurs et ses actes, pour éviter qu'une forme de « dissonance » s'installe et oblige à compenser consciemment ou inconsciemment, au niveau intellectuel ou au niveau de la santé.

C'est mettre ses compétences, ses capacités au service de son action, pour trouver du sens ou une utilité ou une finalité à son action professionnelle.

C'est parfois remettre en question ses croyances, si elles sont négatives sur soi et empêchent d'avancer, pour au final trouver de la confiance en soi, c'est à dire la croyance positive en ses ressources, en ses capacités à faire face, et la juste estime de soi, c'est à dire la reconnaissance pleine et entière de son identité qui apporte le sentiment de bien-être.

c) Le bien-être d'être soi avec les autres

Nous avons donné une part belle à l'individu, en l'autorisant à « être soi ». Est-ce un comportement, somme toute, individualiste, que de se respecter en tout premier lieu ? Est-ce que « être soi », c'est forcément « être bienveillant » ? Est-ce qu'en étant soi-même et bienveillant avec soi en premier, on peut être bienveillant avec les autres ? Est-ce compatible ? N'est-ce pas « égocentrique » comme approche ?

Toutes ces questions viennent de notre (de mon ?) sentiment de culpabilité face à l'attitude qui consiste à « s'occuper de soi en premier ». Nous allons voir des exemples, des situations qui m'ont guidé vers la conviction que c'est en étant bienveillant avec soi, que l'on peut ensuite l'être mieux avec les autres. Que la même exigence d'authenticité et de bienveillance apporte les mêmes résultats de bien-être, à soi et aux autres… Le seul pré-requis est de rechercher le bien-être et d'accepter authenticité et bienveillance.

> **« Les relations sont surement le miroir dans lequel on se découvre soi-même. »**
> **Krishnamurti**

▪ Faciliter la prise de recul

Avoir des salariés engagés, investis et mobilisés dans leur poste, c'est un atout pour l'organisation, si elle sait tirer parti de leur volonté à donner, comme l'exprime Norbert Alter, sociologue français, dans son ouvrage « Donner et prendre, la coopération en entreprise ». Mais les salariés, qu'en est-il pour eux ? Qu'attendent-ils en retour ? De la reconnaissance ! Hélas, pas d'énormes progrès dans les entreprises françaises sur le thème de la reconnaissance… Les salariés investis trouvent ils leur compte au-delà de leur fiche de paie ? Ne risquent-ils pas de ressentir un déséquilibre, voire pour certains une injustice, une colère ? Des histoires de sur-engagement qui se terminent par des licenciements, j'en ai rencontrées quelques-unes.

Le licenciement express de François

François, cadre dans une société de service informatique, expert reconnu, manager apprécié, très sûr de lui et de ses compétences, n'est pas en accord avec les nouveaux actionnaires de la société, fond de pensions américains, et surtout avec leur politique de service au client, il le fait savoir, s'oppose et de caractère « travaillomane persévérant » va à l'affrontement. Il finit par être licencié un vendredi soir, à 40 ans et après 15 ans de « bons et loyaux services », il est « remercié » et congédié sur le champ. Classique. Comment François, qui peine à comprendre ce qui s'est passé, peut-il rebondir, alors qu'il continue de dire « nous » quand il parle de la société qui vient de se séparer de lui ? Faire le deuil du passé, une étape indispensable avant de rebondir, tourner la page, et ensuite seulement se mettre à rechercher un nouveau job. Nous avons vu qu'un changement, qui plus est quand il est subi, entraîne des émotions variées successives. Etre accompagné par un coach, cela va être très dérangeant tout d'abord pour François, lui qui pense n'avoir besoin de rien ni de personne. Mais à la fin du processus de coaching, il aura changé de regard : en prenant le temps de comprendre ce qui s'était passé entre lui et son employeur, d'analyser le décalage qui s'était creusé au niveau des valeurs, il a pu recentré sa recherche d'emploi sur un environnement professionnel lui correspondant mieux, et ainsi retrouver le contrôle de sa trajectoire professionnelle, avec cohérence et confiance. Il a depuis changé deux fois d'employeur et finit par trouver l'environnement et le travail qui lui convient mieux.

Le coaching est pour beaucoup une occasion unique d'exprimer son vécu professionnel, ses émotions, sans crainte du jugement, et d'avoir (un peu de) temps pour se poser et réfléchir sur la situation, s'en détacher puis agir. Cette prise de recul est essentielle dans les phénomènes de stress, de développement professionnel, car elle arrive à point nommé dans des environnements « orientés action » où il faut réagir vite, où il faut toujours être présent, sur le terrain, disponible à tout moment, joignable H24, enchaîner les réunions, les actions sans forcément avoir le temps de penser à la réelle valeur ajoutée de ces comportements, face à cette agitation permanente. Combien de cadres aujourd'hui se brossent les dents en compagnie de leur smartphones ? Vous voyez, vous n'êtes pas seuls.

Prendre du recul, est le prérequis nécessaire pour se mettre en action efficacement, et mieux gérer son énergie. La séance de coaching réoriente l'action du client vers le point où il souhaite focaliser son énergie et ses efforts.

Par ailleurs, ce mode de fonctionnement va lui permettre de sortir de situations d'enfermement, de diminuer son stress, notamment par la pose de limites. Face aux autres, la personne qui a retrouvé confiance et cohérence va pouvoir se positionner en trouvant sa place, en respectant ses besoins et son écologie. Ce respect de son intégrité mentale permet de limiter le risque de burn-out ou de dépression.

Alors, être soi face aux autres est-ce vécu comme du bien-être ou une difficulté à être ? Certainement les deux, du moins dans un premier temps peut-on voir que toute personne ressent un inconfort : car en changeant son comportement, la personne génère chez l'autre un changement de comportement, ce qui interroge nécessairement sur les conséquences de ces changements. Dire non à son chef, ou au contraire ne pas lui dire non, aller à l'encontre de ses habitudes : angoissant ou frustrant ?

Sur le moment, à vous de répondre. Mais sur la durée, le coach observe plus de bien-être que de difficulté à être.

Et vous, en pratique ?

Quand (pour la dernière fois) avez-vous pu exprimer librement votre position avec distance et conviction ?

Comment vous êtes-vous senti, après ?

....

....

....

▪ Faciliter la coopération

Si l'on parle aujourd'hui d'intelligence collective, si l'on souhaite passer de la logique de « coordination » à celle de « coopération », si l'on vante les mérites du management 2.0 de l'empathie, c'est bien que l'on a compris que certains problèmes en entreprise, complexes et transverses, vont nécessiter une mise en commun des savoirs, des réflexions, des actions ! Et que cela passe nécessairement par la communication interpersonnelle. Oublions les mails et les reportings, si contreproductifs dans la gestion du temps et la résolution de problèmes complexes.

Reconnaissons que la coopération n'est pas facile à mettre en œuvre ! Au préalable, il faut dépasser la logique individualiste, mise en place par les systèmes de gestion de la performance, et aujourd'hui bien ancrée dans la culture de beaucoup d'entreprises !

« Les hommes construisent trop de murs et pas assez de ponts. »
Isaac Newton

Marshall B. Rosenberg, docteur en psychologie et médiateur de conflits, a intitulé son ouvrage d'introduction à la communication non violente : « les mots sont des fenêtres ou bien ce sont des murs ».

Avec des mots, on ouvre le dialogue et l'échange, ou bien l'on ferme la relation, on juge et condamne. Beaucoup de choses se passent dans notre approche de la communication, dans les mots que nous employons, sans que nous en soyons vraiment conscients. Peut-on par exemple imaginer que l'on puisse changer la tournure d'une conversation houleuse simplement en endossant le « Je » au lieu de recourir au « tu » qui accuse ?

La communication directive de Franck

Franck a un management « viril » comme il le dit. Brutal pour certains. Des collègues, collaborateurs se plaignent et l'accusent d'être trop dur, cassant, de les humilier, d'être trop exigeant, de leur faire du mal.

Franck est isolé, il n'arrive plus à faire travailler ensemble ses collaborateurs, en grande souffrance psychologique, ce dont il n'a pas conscience. Plus il s'acharne à les faire travailler ensemble, plus ses collaborateurs se sentent « harcelés »… Cercle vicieux !

Avec Franck, nous partons redécouvrir le poids des mots et des jugements. Nous essayons aussi des outils d'assertivité : dire les choses factuellement d'abord, évaluer les problèmes sans interpréter, suggérer ou écouter les idées de solutions, positiver les conséquences de changer, exprimer son ressenti. Créer et demander de l'engagement. Mettre en pratique ces outils méthodologiques, plait à Franck qui apprécie les techniques et les process, il s'applique alors à travailler sa communication, comme un exercice de style tout d'abord, puis devant ses premières réussites collectives, il a envie de continuer de cette façon. Et prend plaisir à réussir. Les plaintes pour harcèlement devenant un souvenir, l'employeur de Franck, qui ne pensait pas qu'un tel changement fut possible avec un simple processus d'accompagnement et en un temps limité, s'est depuis engagé à « professionnaliser » ses managers par le coaching :

si cela a fonctionné pour Franck, pourquoi ne pas le proposer systématiquement avant que les conflits n'apparaissent.

Le client va travailler sur ses relations et interactions professionnelles, sur ses comportements et leurs impacts. Comme nous avons identifié qu'une personne qui commence à changer va retrouver du sens, de la cohérence, du bien-être, son attitude professionnelle va gagner en confiance, en positif et elle va développer des relations professionnelles plus sereines, apaisées, ne cherchant plus nécessairement à rejeter la cause de ses difficultés dans son environnement, collègues, managers, clients etc… L'autre va cesser de cristalliser ses difficultés.

- **Fixer des limites**

Le bien-être est affaire d'équilibre, comme nous l'avons vu dans la première partie. Dans nos relations aux autres, nous ressentons un besoin d'équilibre, d'ajustement réciproque de nos interactions, de nos modes de communication.

L'analyse transactionnelle, théorie créée par Eric Berne dans les années 1960 reste bien connue et utilisée des coach, afin de déterminer les composantes du comportement d'un individu, ses « états du moi », qui dressent son profil comportemental préférentiel à un moment donné de sa vie : Ces états sont appelés « Parent » (critique ou nourricier)

« Adulte », « Enfant » (libre, adapté ou rebelle), et représentent des schémas de positionnement vis à vis des autres, position haute pour le « parent », position d'égal pour l'adulte, position basse pour l'enfant. Nos états vont dialoguer avec les états de nos interlocuteurs de manière inconsciente : si mon manager adopte une position de « parent critique », je vais automatiquement réagir en « enfant adapté » ou en « enfant rebelle » selon mes schémas comportementaux préférentiels. Poussés à l'extrême, l'enfermement dans ces schémas de manière excessive, si l'on n'y prend garde, peut conduire au harcèlement, à la souffrance. Il y a nécessité de savoir définir sa propre limite, et d'apprendre à la faire respecter.

La souffrance d'Eliette

J'ai observé dans un coaching que la relation managériale était au cœur du désir de changement. La manager d'Eliette a demandé au DRH un coaching pour qu'elle « change d'attitude », qu'elles arrivent à « travailler ensemble », « à communiquer normalement ». D'adulte à adulte.

De son coté, Eliette, 55 ans, accepte mais rapidement me lâche qu'elle « n'a plus l'âge de se faire traiter comme une enfant », de se voir sans raison privée de son autonomie de cadre expérimentée, de se sentir systématiquement contrôlée, « fliquée ». Sa nouvelle manager lui « rend la vie insupportable ». Puis, à un moment du processus de coaching, la manager a cessé d'être omniprésente ; en prenant du recul et en s'ouvrant vers d'autres personnes et d'autres opportunités, Eliette avait alors facilité les comportements positifs à son égard, et s'est consacrée à la coopération avec son environnement, dans une relation d'interdépendance. Etant moins focalisée sur la relation qu'elle vivait comme asphyxiante avec son manager, elle s'est tournée vers d'autres, qui la soutiennent, la reconnaissent, elle se libère du sentiment d'emprise voire d'oppression qu'elle ressentait, et arrive à réaliser sa mission avec succès, tout en comprenant la nécessité de rendre compte de son activité à son manager mais en gardant la distance qui lui permet de ne pas « se faire manger ».

Les difficultés relationnelles rencontrées dans les relations au travail constituent la majeure partie des raisons qui mènent au coaching : manque de communication dans les relations managériales, manque de soutien hiérarchique, manque de coopération entre collègues, sentiment de harcèlement, sentiment d'incompréhension, sentiment d'isolement ou d'échec…

Et vous, en pratique ?

Dans votre entourage professionnel, y a t-il des relations dans lesquelles vous vous sentez mal à l'aise ?

Avez-vous identifié de quoi vous auriez besoin pour que cela change?

....

....

....

....

....

....

d) Le bien-être de pouvoir agir

Souvenons-nous du modèle de Karasek vu en première partie, être bien (détendu ou actif) c'est aussi gagner en « latitude décisionnelle » : notre pouvoir de décision et notre choix d'agir ou de ne pas agir.

« Quoique tu rêves d'entreprendre, commence-le.
L'audace a du génie, du pouvoir, de la magie. »
Goethe

▪ Retrouver de l'énergie

Fatiguée, voilà comment j'étais souvent avant mes séances de coaching comme « cliente », lors de ma phase de transition professionnelle qui disons-le me prenait beaucoup de ressources morales. Requinquée, voilà comment je me sentais après !

Parfois, des clients racontent « les séances me font du bien ». Alors le commanditaire prend peur « Comment ? Est-ce à dire que ce n'est pas un véritable travail ? S'agit-il de séances de psy ? »

Voilà un paradoxe du métier : accepter son client, l'aider à progresser, faire face à ses difficultés, faire le point sur ses progrès, c'est pour la personne accompagnée à la fois travailler et se faire plaisir, ce n'est pas incompatible ! Pourquoi faudrait-il que le travail soit triste, pénible, sinistre ? Que ce soit bien clair, il n'est pas indispensable de souffrir pour atteindre un objectif ! Il n'est pas indispensable non plus de souffrir pour regarder en face ses erreurs, ses échecs, et en tirer des enseignements. Je plaide pour des managers souriants, des réunions bonne humeur où l'on peut rire et travailler, pour le plaisir au service de l'efficacité.

S'excuser, par exemple, ce n'est pas reconnaitre forcément que l'on a eu tort, c'est accorder plus d'importance à la relation qu'à la « vérité » si tant est qu'il y en ait une !

Au contraire d'une vie au travail triste et pénible, on travaillera dans le coaching le fait de renouer avec ses plaisirs. Et cela peut très bien faire appel à la sphère personnelle (loisirs, activités sportives, artistiques, etc) si cela a un impact positif sur la sphère professionnelle. Pendant longtemps, je n'étais pas à l'aise avec le fait de laisser s'exprimer des préoccupations d'ordre personnel, ou des attentes personnelles lors d'un coaching professionnel. Et puis, j'ai constaté que c'était fort utile à la personne de se sentir acceptée dans sa globalité, que cela l'aidait à avancer. Nous sommes une seule personne, nous ne changeons pas à l'entrée de l'entreprise, en laissant nos soucis aux vestiaires, nos idées, nos pensées, nos croyances, à la porte. Retrouver de l'énergie, peut faire appel à toutes les sources de plaisir dont la personne a besoin, pour exister, et les effets sont positifs y compris et surtout au travail.

Yvan et sa passion pour la peinture

Yvan, 50 ans, est cadre commercial dans une grande entreprise de distribution qui se réorganise au niveau national. Il a fait la demande d'un coaching à son employeur, face au manque d'évolutions pour lui dans la structure, à son envie de reprendre éventuellement des études, et au risque de voir son activité disparaître.

Lors de son coaching, face au besoin évident pour lui de retrouver une zone de plaisir, Yvan a renoué avec un « loisir » créatif qui lui plait depuis toujours, la peinture, et qu'il a dû délaisser au fil du temps, au profit d'un emploi du temps professionnel, familial et associatif bien chargé. Reprendre la peinture sur ses heures de temps libre, lui apporte beaucoup de satisfaction, créer, proposer aux autres ses créations, se concentrer sur les couleurs, les modèles, s'inspirer des grands maîtres, inventer son univers… Grâce à ces moments personnels où il retrouve du plaisir, Yvan retrouve sa sérénité au travail dans une zone de turbulence professionnelle sans précédent : sa filiale dépose le bilan, il est licencié, avec une option de reprise. Yvan consacre plus que jamais son énergie à sa passion, et laisse passer la tempête de la reprise d'activité par le nouvel employeur. Plus tard, dans son nouveau poste, il reconnait que c'est grâce à cette activité qu'il continue à trouver énergie et sérénité, qu'il a trouvé un moyen de faire face au deuil de son poste, et qu'il voit l'avenir en opportunités, avec plusieurs options possibles. Cette activité de plaisir est devenue plus qu'un simple loisir.

Et vous, en pratique ?

Quand pour la dernière fois, vous êtes-vous senti plein d'entrain et d'énergie au travail ? Dans quelle situation?

....

....

....

....

....

....

■   **Retrouver une marge de manœuvre**

« Seules les choses qui dépendent de nous doivent nous préoccuper. »
Epictète

Les stoïciens reviennent à la mode !

A un moment donné de nos existences baignées dans l'illusion du contrôle, nous découvrons que nous pouvons faire tout notre possible, nous ne pouvons changer les autres, sans eux ! Ni conjoint, ni collègue, ni manager. La seule personne sur laquelle nous pouvons agir est nous même !

Nous nous tracassons beaucoup pour des sujets sur lesquels nous ne pouvons rien, sinon les accepter. Ce qui crée beaucoup de stress, inutile.

Tout manager d'une organisation complexe, opérationnelle, critique, peut être débordé, stressé, dépassé, devant les challenges, les enjeux, dans lesquels il intervient. Avec le coaching, nous revenons sur la délimitation du périmètre d'action du manager : ce qui est de son ressort, son objectif à lui, ses ressources, ses moyens pour y parvenir, ce qu'il compte faire comme action concrète.

Tom et la pression du résultat

Tom, manager de production issu du terrain, connait très bien le métier opérationnel de ses équipes. Il s'est vu nommer un collaborateur, qu'il évalue incompétent. Très exigeant, Tom a déployé beaucoup d'énergie pour mettre à niveau ce collaborateur : le former, l'accompagner, lui déléguer des activités, le surveiller, lui montrer et remontrer comment faire, rattraper les erreurs, le bousculer, « l'engueuler », l'évaluer, lui fixer des objectifs minimalistes, rien n'y fait : Tom déploie beaucoup d'énergie, est en stress extrême en permanence, avec la pression de devoir compenser le travail non réalisé de ce collaborateur, et de passer son temps autour de lui, au détriment du reste. Quant au collaborateur, « il ne bouge pas », en effet, il sait que son travail sera toujours compensé et qu'il ne risque rien. Le manager de Tom a demandé qu'il suive un coaching pour l'aider à prendre du recul.

A la fin du coaching, Tom n'a pas fait « bouger» ce collaborateur, mais il a pris conscience que tout ne dépendait pas que de lui.

En fait, dans ce cas de coaching rien n'a changé concrètement, seulement le déclic, la prise de conscience.

Prise de conscience que le problème pouvait se résoudre à un autre niveau, organisationnel, ou managérial. Son énergie moins gaspillée, Tom est devenu plus serein, moins stressé. Plus lucide sur ses limites aussi, et donc plus en lien avec son manager, plus en interaction sur les solutions à trouver ensemble. Plus disponible pour les autres collaborateurs, pour les projets long terme.

Et vous, en pratique ?

Si vous notiez votre sujet de préoccupation du moment, que pourriez-vous faire pour en diminuer son intensité ?

(Commencez la phrase par JE)

....

....

....

....

....

....

▪ S'épanouir, se faire plaisir

Pour toutes les raisons que j'ai évoquées, être soi, devenir soi, être soi face aux autres, et avec les autres, le bénéficiaire du coaching développe une zone de satisfaction, voire de plaisir.

Le coach sait aussi volontairement décentrer l'attention de son client vers des domaines qui lui apportent du plaisir, de la satisfaction, ou des façons de faire qui lui sont agréables. A travers comme nous l'avons vu d'activités faisant appel à la créativité.

Le coaching va lui donner une place d'individu, pas uniquement cloisonné entre travail et hors travail. Pour certaines personnes, comme Yvan, renouer avec leurs besoins et leurs plaisirs, est tout à fait nouveau, dans l'âge adulte. Question de génération peut-être: pour les générations les plus anciennes, agir pour faire plaisir aux autres a toujours été une priorité, au point de s'oublier parfois…

Dans la lignée de l'analyse transactionnelle, dont nous avons parlé précédemment, nous utilisons un autre outil appelé « les drivers » ou messages contraignants : Vous savez toutes ces petites phrases répétées dans l'enfance de façon anodine, et qui ont façonné notre réaction face au monde extérieur pour décrocher ces fameux signes de reconnaissance, que nous recherchons sans répit. J'observe que pour les quadragénaires ou quinquagénaires, plus encore chez les femmes, nous retrouvons des drivers de type « fais plaisir » : c'est à dire, que la personne a été éduquée pour faire plaisir aux autres, pour satisfaire ce qu'elle pense être les besoins des autres, sans pour autant vérifier que ce soit bien le cas, et sans pour autant se poser la question de son propre besoin à ce moment-là. Cette personne va avoir tendance à s'oublier. A se faire passer en dernier. Très bien et confortable pour ses proches, mais cela a des limites pour l'épanouissement de sa propre vie : au travail, elle risque de se faire « bouffer », exploiter, demander toujours plus, et finalement jamais reconnaître. Après la nécessaire prise de conscience, nous travaillons la permission de « SE faire plaisir ». Et l'équilibre entre soi et le monde extérieur.

Léa et l'auto-récompense

Du chemin pour se donner à soi-même de la reconnaissance.

En coaching, Léa, jeune manager très engagée d'à peine 30 ans, a décidé de ne plus attendre : quand elle est satisfaite d'elle-même, au lieu d'attendre que son patron la félicite d'avoir bouclé le dossier dans les temps avec une exigence minutieuse, elle décide de se faire à elle-même un éloge de ses qualités et de se faire un cadeau (séance shopping ou massage). Rien qu'à prendre cette décision, elle est fière d'elle-même, contente d'avoir réussi son challenge, et prend plaisir à se le dire et se récompenser. Double plaisir ! Elle repart motivée, avec le sourire, prête à se réinvestir de nouveau. Paradoxalement, Léa qui n'attend plus rien de son manager, est en excellent terme avec lui. Son secret : elle sait se donner de la reconnaissance elle-même.

La reconnaissance est le préalable au sentiment d'épanouissement.
Qui mieux que vous peut vous apporter cette reconnaissance ?

Si vous êtes DRH, vous devez bien voir que l'on ne pense à vous « que » quand il y a des problèmes inextricables et des personnes en souffrance, et que votre action à ce moment-là ne sera au mieux qu'un « pansement sur les plaies », dont peu de personnes vous seront reconnaissants. Vous devez ressentir aussi que « quand tout va bien », l'on se demande bien autour de vous, à quoi vous pouvez occuper vos journées…

Et vous, en pratique ?

Qu'est-ce qui vous apporte du plaisir dans votre activité professionnelle aujourd'hui ? Comment vous donnez vous de la reconnaissance ?

....

....

....

....

....

....

- **S'autoriser à changer**

« L'avenir, tu n'as pas à le prévoir, tu as à le permettre. »
Antoine de St Exupéry

Nous savons maintenant que le changement est source d'inconfort, et que nous avons besoin en contrepartie d'une zone de stabilité et de plaisir. Ce confort assuré, nous sommes sécurisés pour changer : c'est à dire faire l'expérience de quelque chose de nouveau, d'inconnu, au résultat incertain.

Martin et l'équation d'adéquation

A la demande de son entreprise, qui doit mettre en place un plan de sauvegarde de l'emploi, j'accompagne Martin, jeune ingénieur brillant et introverti, dernier arrivé dans la structure, et premier à partir, à retrouver un job. C'est sa première expérience professionnelle, et le licenciement n'était pas une option qu'il avait envisagée aussi rapidement. Avant mon arrivée et le démarrage du coaching, il a mené plusieurs tentatives infructueuses qui se sont soldées à l'issue des entretiens par des réponses négatives c'est à dire des « échecs » aux yeux de beaucoup. Je vois pour ma part derrière ces échecs l'inadéquation entre ce que Martin est, dans sa personnalité, ses motivations et ses intérêts d'une part et les postes et entreprises auxquelles il a postulé d'autre part. Il ne correspond pas aux critères recherchés du jeune manager ambitieux, extraverti, court-termiste et pragmatique. Depuis ces échecs, Martin mène sa recherche en s'éparpillant dans de nombreuses directions, il cherche à essayer, et à démontrer qu'il fait des efforts.

Nous observons quels sont ses drivers, qui sont comme nous l'avons décrit, les mécanismes inconscients qui le poussent à agir, à reproduire des schémas comportementaux, implantés depuis la plus tendre enfance pour obtenir des signes de reconnaissance, sans lesquels nous ne pouvons évoluer. Il se confirme que Martin « fait des efforts », mais ne visualise pas la réussite, le résultat attendu. De tempérament « chercheur », il est plus intéressé par le chemin que par l'arrivée… Après cette prise de conscience, Martin oriente ses efforts sur sa piste privilégiée, nous travaillons la projection positive et à l'issue d'une série d'entretiens Martin décroche le job qu'il ambitionnait et qui lui correspond !

Quand elle est rassurée et reconnue, acceptée dans son identité, la personne construit son changement sur ce que j'appelle sa zone de stabilité.

C'est la raison pour laquelle je trouve indispensable d'avancer au rythme du client. S'il n'est pas prêt, le pousser, revient à le contraindre, à l'obliger à faire contre son gré. Cela peut fonctionner, mais en surface seulement.

La relation de confiance, le rapport collaboratif et l'application des 3P « Protection, Permission, Puissance » sont les conditions d'une bonne implication dans le coaching et au-delà d'une implication du client dans son plan d'actions. En bilan de coaching, Sofia, me disait qu'au début elle s'appliquait à s'engager dans ses actions pour le coaching comme s'il s'agissait d'un processus à part entière « autonome » pour lequel il fallait tenir ses engagements, et que progressivement elle s'engageait pour elle-même à réaliser ses actions car elle s'était relié avec ses propres objectifs son propre changement, ce qui a correspondu au développement de son stade d'autonomie vers l'indépendance et l'interdépendance.

Ce qui se passe dans le coaching se passe dans la vie de la personne. Parfois avec progression lente à déclic soudain, parfois plusieurs étapes sont vécues puis comprises a posteriori. Aucun processus de changement individuel ne semble se ressembler.

Quand, dans une même organisation, sur la même période, j'ai accompagné plusieurs nouveaux managers, le changement dans leurs comportements n'a pas été visible en même temps par leur manager, chacun a muri et s'est transformé à son rythme, en fonction de son histoire, de son poste actuel. Le client construit sa zone de développement avec le coaching, il ressent le bien être de construire son devenir de façon cohérente. Il apprend sur lui, sur les autres, il comprend que l'on peut améliorer sa communication au travail, comment cela peut aussi se transposer dans sa vie personnelle, avec son conjoint, ses enfants, sa famille, ses amis….

Et vous, en pratique ?

Si vous deviez progresser, qu'auriez-vous besoin ou envie d'apprendre (sur vous, sur les autres) ?

....

....

....

- **Laisser une place aux rêves**

> **« La sagesse suprême est d'avoir des rêves assez grands pour ne pas les perdre du regard tandis qu'on les poursuit. »**
> **William Faulkner**

En coaching, nous ouvrons des portes, des possibles, lors de séances de créativité. Nous prenons le temps d'envisager, sans autocensure, des pistes de solutions habituellement écartées, classées « non faisables ».

Rêvons un instant : si tout était possible, que feriez-vous ?

Le rêve pas assez présent dans notre quotidien, au-delà du fantasme de « consommer plus » ou « avoir toujours plus », fait défaut à nos mécanismes psychologiques : nous avons besoins d'espoir et d'idéaux.
Professionnellement, une situation insatisfaisante donne envie de changer, d'envisager d'autres voies, de rêver quelque peu.

J'aime proposer l'image du rond-point à mes clients en voie de transition professionnelle. Leur parcours professionnel, leur CV constitue le chemin qui les a amenés à ce rond-point. Et là, je leur demande de dessiner, de tracer, de flécher, d'indiquer les chemins qui partent de ce rond-point. Chaque chemin correspond à un avenir professionnel envisagé, à ce stade pas nécessaire qu'il soit faisable, réaliste, viable, etc. Puis, avec un outil de créativité, tels que les « chapeaux de la réflexion de Bono », nous partons en « brainstorming » pour regarder chaque chemin, chaque situation potentielle sous différents angles : le chapeau blanc nous aide à rassembler les données factuelles, le chapeau noir à voir les obstacles, les risques, le chapeau rouge à exprimer les émotions ressenties face à chaque option, le chapeau vert à imaginer les opportunités, le chapeau jaune à voir les bénéfices, les avantages de chaque chemin, enfin le chapeau bleu à prendre du recul, à élaborer une synthèse ou un plan d'actions.

Et vous, en pratique ?

Si vous deviez avoir un rêve (ou plusieurs) pour votre avenir professionnel, quel(s) serai(en)t-il ?

A quel besoin répondrai(en)t-il(s) ?

....

....

....

....

Si vous dessiniez votre rond-point ? Combien de chemins pouvez-vous imaginer ?

- **Etre responsable et prendre part au changement du monde**

« Soyez le changement que vous voulez voir dans le monde."
Gandhi

Parfois on voudrait changer le monde, puis constatant l'ampleur de la tâche, on se dit à quoi bon ? Comment faire ? Mais c'est purement impossible ! D'où un mouvement de découragement qui nous laisse dans l'immobilisme.

Trouver sa voie, réaliser son potentiel, avoir une aura positive, aura nécessairement des conséquences positives autour de soi, comme une contagion d'optimisme. Et si c'était juste cela faire sa part : faire de son mieux, mettre son talent au service de la société ?

Colibri ou toucan ?

J'aime bien la légende amérindienne du colibri, reprise par des associations, comme celle de Pierre Rabhi.
Cette légende raconte que lors d'un immense incendie de forêt, tous les animaux assistaient impuissants au désastre. Seul le petit colibri s'activait en allant chercher quelques gouttes d'eau dans son bec et revenait les jeter sur le feu. Le toucan, trouvant cette attitude insensée, cette agitation totalement dérisoire, lui demanda « crois-tu vraiment que

cela suffise à éteindre le feu ? ». Le colibri lui répondit :
« non, mais je fais ma part. »

Et si c'était possible de changer le monde en changeant soi-
même, en mettant en commun des énergies qui isolées
n'ont pas de pouvoir d'action ? On parlerait alors
d'intelligence collective.
En management, on vante souvent les mérites de
l'exemplarité.

Avec le coaching, j'ai parfois l'impression de jeter une
goutte d'eau sur le feu intérieur qui se propage dans le
monde professionnel avec les phénomènes de burn-out, de
la souffrance, de l'épuisement, de la colère, de la course
infernale après le temps, la productivité. Et puis en même
temps, j'éprouve l'intense fierté de faire ma part, d'être
responsable de moi comme être humain, en apportant du
recul, de l'apaisement, du bien-être, de l'efficacité, de la
reconnaissance,… J'ai l'impression de faire de mon mieux, à
ma petite échelle, en permettant au management d'être plus
respectueux et plus reconnu, j'ai la sensation d'interagir avec
la culture d'entreprise, de la faire évoluer vers une
dimension plus humaine.

Et vous, en pratique ?

Si vous aviez une goutte d'eau à apporter, votre petite contribution au changement positif du monde, quelle serait-elle ?

....

....

....

....

....

5. Oser passer à l'action !

Nous voilà arrivés à un moment clé : la croisée des chemins !

En effet, nous avons scruté l'horizon, le bien-être au travail : plus qu'un rêve, il peut devenir une réalité quotidienne. Nous avons observé notre paysage alentour : ce monde professionnel en changement permanent où rien n'est acquis et dans lequel il nous appartient de dessiner notre place.

Nous avons écouté ces histoires de « voyageurs », comme vous et moi, qui ont traversé leurs étapes de vie professionnelles avec le coaching, qui ont osé se lancer dans ce chemin vers leur avenir.

Ce chapitre a pour but de vous guider concrètement, de vous donner les points de passage, pour vous permettre de choisir si l'option du coaching est faite pour vous aujourd'hui.

« Ce n'est pas parce que les choses sont difficiles que nous n'osons pas mais parce que nous n'osons pas que bien des choses sont difficiles. »

Sénèque

---

a) Comment se passe un coaching, concrètement ?

Environ 10 séances « en tête à tête » avec un coach, entre 1h et 2h chaque séance, étalées sur une période de quelques mois. Avec, entre les séances, des mises en application pratiques, concrètes et utiles.

Les premières questions que se pose généralement une personne tentée par un coaching sont:

Combien cela coute-t-il ? Qui peut « se payer » un coaching professionnel ? Est-ce toujours un « luxe » ?

Dois-je en parler à mon employeur ? Comment aborder cette demande ? Mais le coaching, est-ce réservé aux « grands chefs »?

En résumé: ai-je le « droit » à un coaching ? Est-ce bien pour moi ? Est-ce bien sérieux ? Ai-je bien le temps ? Y-a-t-il vraiment un intérêt ?

A vrai dire, vous avez déjà une bonne partie des réponses en vous !

Nous évoquerons donc ces données pratiques et concrètes : le temps et l'argent. Cela fait partie du cadre à définir d'entrée avec son coach.

b) Les questions préalables du coach

Comme vous avez pu le remarquer, un coach est une personne qui ne cesse de poser des questions. Voilà celles que j'aimerais vous poser :

- Pensez-vous que tout professionnel a des talents et pourrait bénéficier d'un coaching aux moments clés de sa carrière et que le bénéfice serait partagé pour lui et son organisation ?

- Avez-vous envie de vous reconvertir, de changer de voie professionnelle, sans savoir par où commencer ?

- Avez-vous envie de retrouver des relations sereines avec votre environnement de travail, apaisées avec vos collègues, avec votre chef ? Et par ricochet avec vos proches, votre famille ?

- Avez-vous envie de progresser dans votre rapport au temps, au stress, à la pression ?

- Avez-vous envie de ne pas ramener vos soucis de travail le soir à la maison?

- Avez-vous envie d'avoir envie d'aller bosser tous les matins ?

- En résumé, avez-vous « besoin » d'un coaching ?

c) Première étape : Avoir une demande, un vrai besoin, une envie réelle et sérieuse

Si vous avez ce livre entre les mains et que vous avez répondu oui à l'une des questions précédentes, vous êtes sans doute un « client potentiel » au coaching. Vous vous êtes sans doute intéressé à la question du coaching, par des connaissances ou par intérêt professionnel ?

La motivation est essentielle pour réussir.

Nul doute que pour changer, il faut en avoir envie ou y être obligé. N'essayez pas d'arrêter de fumer, si votre seul mot d'ordre est « il faut que j'arrête »…

La motivation pour un objectif positif est la condition sine qua non pour s'engager dans un coaching.

Et vous, en pratique ?

Dans les exercices « et vous en pratique » proposés dans les pages précédentes, qu'est-ce qui vous a le plus intrigué, interpelé, fait réagir, réfléchir, ou laisser sans voix ?

Formulez cette demande de manière positive, en commençant par « je », voilà vous approchez d'une demande de coaching…

....

....

....

....

....

d) Deuxième étape : Choisir son coach, définir cadre de travail et financement

« On choisit son coach, et il vous choisit aussi » disent certains. D'autres diront « c'est une histoire de feeling, il faut que le courant passe ». Parfois certains diront que c'est une « affaire de valeurs », ou encore qu'il faut être « la bonne personne au bon moment ». Tout cela pour dire que le coaching c'est un travail qui se construit sur une relation entre deux personnes, le coach et son client, que pour qu'il y ait coaching il faut qu'il y ait un présupposé de la bonne qualité de la relation.

▪ Quels critères pour bien se lancer ?

En ce qui me concerne, quand je choisis un coach, son éthique dans sa pratique professionnelle est la première condition que je vais essayer de déceler.

Parce qu'il est important de dire les choses dans un coaching sans quoi elles n'existent pas, d'oser dire les choses sans crainte. Le coach ne sera pas là pour juger, mais pour prendre acte de la réalité de son client. Pour l'aider à recadrer cette réalité si elle est limitante, pour l'aider à dépasser son prisme de lecture du monde qui l'entoure si celui-ci l'empêche d'agir dans la direction qu'il souhaiterait. La bienveillance garantit la sécurité du client à dévoiler sa façon de voir les choses : sa réalité telle qu'elle est. Le coach tentera de reformuler pour bien comprendre cette réalité, pour bien la renvoyer à son client, pour l'aider aussi parfois à sortir de ce cadre de vision. D'où l'importance de la sémantique, des mots, des expressions... Et oui je dois constater que le métier de coach fait tout aussi appel à mon côté littéraire pour la sémantique qu'à mon côté scientifique pour la rigueur...

La confiance se construit certes, mais il est indispensable de présager qu'elle va se construire.

Une cliente me disait « je n'ai jamais dit ces choses-là à personne ».
Un client me disait « d'habitude, je ne parle pas autant de

moi »

Une autre, en fin de séance de 2h, « je ne pensais pas que j'avais parlé aussi longtemps »

Une autre « ça me fait du bien de dire ces choses-là en séance, c'est aussi me dire des choses positives à moi-même ».

Un autre « en disant ces choses, c'est comme si elles commençaient à prendre vie ».

Une autre « en fait, il n'y a personne qui m'écoute au quotidien ».

Pourquoi beaucoup de clientes sont des femmes ? Au-delà du fait que l'approche émotionnelle soit plus naturelle pour elles, qu'elles craignent moins de se livrer et de se remettre en question, elles ont (pour nombre d'entre elles) le réflexe « maternel » quotidien d'écouter leurs proches, de les aider, de se mettre au service des autres, dans la recherche de faire plaisir aux autres. En contrepartie, elles sont rarement écoutées...

La parole est rarement libre.

En famille elle ne l'est pas. Pour des raisons évidentes, on va toujours chercher à protéger les siens. Ne pas leur dire les choses qui nous soucient pour ne pas les inquiéter. Ne pas leur dire car de toute façon ils ne pourraient pas comprendre. Ne pas leur dire car ils ne peuvent rien faire. En réalité, on ne sait pas dire les choses sans en prendre le recul, et l'on n'a pas appris à nos proches à nous écouter sans nous juger, ou sans se sentir obligés de nous trouver des solutions clés en main…

En entreprise encore moins libre: « que va penser untel », « ce que je vais dire va être répété, déformé, interprété, ou pire utilisé contre moi », etc., surtout ne rien dire est souvent la tactique la plus sûre. A court terme au moins, pour se protéger. Mais nous avons vu qu'à long-terme elle peut se révéler destructrice.

Donc, on choisit son coach pour être à l'aise, de façon à lui dire les choses et à se sentir entendu. Car ce sera la première étape du travail : décrire la situation présente, la réalité telle qu'elle vue, ressentie, vécue…
Si l'on ne se sent pas en sécurité, en confiance a priori, le travail sera plus long et difficile.

Et vous, en pratique ?
Si le plus important c'est votre avenir…
Alors, qu'attendez-vous de votre coach ?
....
....
....
....

- **Comment et où trouver un coach ?**

Certaines entreprises font une sélection, et proposent des coachs présélectionnés, mais la plupart du temps, le salarié préfère choisir par lui-même.

Il existe aujourd'hui une certification au métier de coach, qui reconnaît sa spécificité et ses compétences, et des annuaires spécialisés pour entrer en contact via une école de formation qui délivre une certification RNCP niveau 1, c'est à dire reconnu par l'état, garantissant rigueur et éthique. Des fédérations de coachs recensent aussi des coachs adhérents qui remplissent un certain nombre de critères comme la formation, le nombre d'heures de pratique, etc…

Se faire recommander un coach par un proche est aussi une bonne option : écouter le témoignage d'une personne ayant été accompagné en coaching, permet de se faire une idée précise, de la personne du coach, du processus, des bénéfices, des difficultés, des surprises, etc…

- **Comment démarrer ?**

Par une rencontre !

Avant de commencer, un entretien préalable avec le coach est nécessaire pour faire connaissance, aborder les règles du coaching, mais aussi les questions pratiques, logistiques et matérielles.

On définira ensemble le cadre de travail : quelle est la demande, l'objectif, et la question du financement sera abordée : par l'employeur ou sans l'employeur, auquel cas les modalités seront différentes. La personne pèsera le tout avant de s'engager, et de décider par quelle voie elle souhaite avancer.

Cette rencontre permettra de valider la mise en confiance : ce coach a-t-il les qualités que j'attends ? Est-il empathique ? Chaleureux ? Authentique ? Suis-je à l'aise ?

Des tarifs variables

Chaque coach est libre de fixer ses tarifs.

Pour un coaching professionnel réalisé en entreprise, pris en charge par celle-ci, les études de marché actuelles sont encore rares, elles annoncent des tarifs de séance (entre 1h et 2h) pouvant varier entre 300 et 1000€ en moyenne. Certains coachs proposent pour les particuliers qui souhaitent réaliser un coaching en dehors du cadre et du financement par l'entreprise, des tarifs adaptés, entre 70 et 200 € l'heure. (Etude menée par la SF coach en 2010)

Que penser d'un processus « light » ?

Le coaching est un processus qui se déroule dans le temps, s'exerce à travers l'action, et s'ancre grâce à sa régularité et sa durée. En moyenne, nous avons observé que 10 séances sont nécessaires à l'accomplissement de l'accompagnement, et au client pour atteindre son objectif. Ces 10 séances sont étalées sur quelques mois.

Devant la conjoncture économique, certains sont tentés d'accorder un coaching de 3 ou 4 séances. Et attendent que les résultats soient au rendez-vous. En se référant au chapitre sur le changement, on comprendra que le temps nécessaire au changement humain est un plus complexe, et nécessite des étapes incontournables que l'on ne peut sabrer humainement comme on peut faire une coupe budgétairement... Donc si l'on me demande ce que l'on peut « faire » en 5 séances, je répondrai « un demi coaching », on parviendra à un moment sur le chemin, plus ou moins proche ou lointain en fonction du cycle individuel de changement, à maturation plus ou moins lente. Et on s'arrêtera en route. On pourra cependant constater le chemin parcouru, en prise de conscience ou en modification effective de comportement, et évaluer ce qui resterait à accomplir. Point.

Le contrat tripartite ou bipartite

Quand le coaching est proposé ou pris en charge par l'entreprise, le cadre de travail et les objectifs sont définis à 3 : le représentant de l'employeur (manager ou RH), le client et le coach. Cela permet de se mettre d'accord sur le cadre de travail, par la suite les séances seront totalement confidentielles et rien dans le contenu des séances ne pourra être divulgué à l'employeur.

Un document, appelé contrat tripartite est signé, il reprend le cadre, l'objectif, les attentes, les modalités de réalisation, la déontologie, le coût, les modalités de paiement, etc…

Dans le cas d'un coaching de particuliers, il peut être utile de définir un contrat bipartite, entre le coach et son client, véritable cadre de travail structurant et que les deux parties s'engagent à respecter.

Le feu est vert pour se lancer !

e) Troisième étape : Se lancer !

Le coaching est un processus qui se déroule dans le temps.

Et qui repose sur l'action et la réflexion sur l'action. C'est une boucle de rétroaction qui fait des allers-retours entre l'observation, l'analyse et l'action.

> « La connaissance s'acquiert par l'expérience, tout le reste n'est que de l'information. »
> **Albert Einstein**

Ce qui illustre bien pourquoi et comment le coaching permet de progresser, c'est la théorie de David Kolb, pédagogue américain auteur du cycle d'apprentissage expérientiel, que je vous propose ci-dessous.

- **Apprendre**

Dans les années 1970, David Kolb a théorisé et représenté le cycle de l'apprentissage en quatre phases, comme représenté dans le schéma ci-dessous.

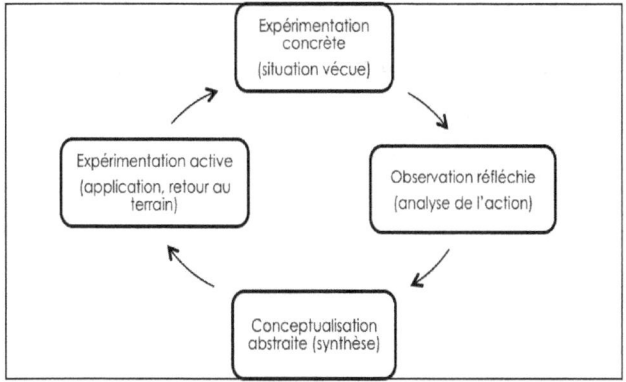

Cycle d'apprentissage expérientiel de David Kolb

Peu importe la phase par laquelle nous entrons en apprentissage, par laquelle nous commençons : en fonction de notre personnalité, nous sommes peut-être plus orientés sur l'action d'abord (nous préférons manipuler, expérimenter pour voir, nous préférons « bricoler un outil » plutôt que de lire son mode d'emploi), ou inversement nous sommes en premier lieu dirigés sur la réflexion (nous préférons lire et étudier avant de nous lancer dans l'action). Notre système éducatif traditionnel est conçu pour nous permettre d'apprendre par la théorie d'abord puis de passer à la pratique ensuite.

Cela convient à certains profils de personnalités, mais pas à tous !

Quoi qu'il en soit, apprendre revient nécessairement à passer par ces quatre étapes, ce que nous faisons lors d'un processus de coaching :

- Observer ce qui se passe dans la réalité de la personne, lui faire décrire les faits, analyser les actions et les interactions,

- En tirer des « concepts », des idées nouvelles, construire une réalité désirée, visualiser, projeter, imaginer

- Mettre en action, en pratique de nouveaux comportements, de nouvelles façons de chercher à atteindre ses objectifs

- Expérimenter de nouvelles situations résultant de nouveaux comportements, les réactions des autres, les nouvelles interactions

- Revenir à l'étape d'observation de cette nouvelle réalité, la décrire, etc.

Rappelons, pour faire un parallèle intéressant, la méthode des « 4 couleurs » (Profils 4 Colors, basés sur les travaux de Jung et Marston, décrits dans l'ouvrage « Former avec le funny learning » de Brigitte Bossuat) décrivant les styles de personnalités : Le Bleu orienté sur la pensée, l'analyse et les processus, le Rouge orienté sur l'action, l'indépendance et la rapidité, le Jaune orienté sur la créativité, les relations, la communication, le Vert orienté sur la cohésion, l'écoute, le soutien. Chaque couleur aura un style d'apprentissage privilégié :

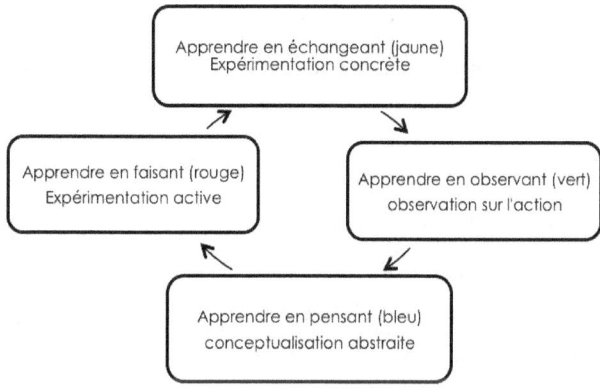

Méthode 4 Colors et les styles d'apprentissage

Et vous, en pratique ?

Comment aimez-vous apprendre ? Quelle phase privilégiez-vous ? Quelle phase délaissez-vous ?

....

....

....

▪ S'engager

Le client est responsable de l'avancement de son coaching. Cela implique qu'il respecte l'engagement d'assiduité, l'engagement de transparence vis à vis de son coach. Le client définit et décide de son objectif et de ce qu'il est prêt à faire ou ne pas faire pour l'atteindre. Le coach, rappelons-le est garant de la méthode, du cadre, des outils, il apporte neutralité, bienveillance, feedback, il proposera mais ne poussera pas son client à faire contre son gré. Ce que le coach recherche, c'est l'autonomie de la personne qui est temporairement son client.

Une cliente a du mal à venir à ses séances, elle les annule une fois sur deux, les décale, ou arrive systématiquement en retard. Je me doute qu'elle n'est pas prête à s'engager, pas motivée, et qu'elle a peur. Je pourrais lui imposer un rythme plus soutenu, des contraintes financières supplémentaires, ou au contraire, lui demander de ne venir que lorsqu'elle sera prête. Je décide juste de lui rappeler avec bienveillance le cadre, de rester sur ces modalités initiales et lui renvoie sa responsabilité pour la prochaine fois. Lors de la séance suivante, elle m'annonce elle-même qu'un événement personnel a perturbé sa vie, et commence ainsi à se livrer personnellement, puis à s'engager professionnellement, étant reconnue comme personne dans son histoire personnelle.

Ne pas s'engager ou faire semblant revient à perdre son temps, ou à prendre conscience qu'un blocage, qu'une résistance au processus est en œuvre. Le coach s'en fera le miroir, avec bienveillance.

- **Verbaliser**

Ressentir et mettre des mots sur des impressions.
Ce qui n'est pas dit, n'existe pas dans la réalité.

La personne, pour progresser, doit faire preuve de lucidité, d'honnêteté, elle est prête à accueillir ses émotions. Le coaching n'est pas le lieu du paraître social. L'outil principal est la parole mais elle se fera aussi parfois silence, pour laisser s'exprimer l'émotion. Exprimer ses émotions, les déceler, permet de s'orienter. J'aime imaginer l'émotion comme un capteur, un détecteur, une boussole, elle nous aiguille vers ce que nous sommes encore incapables de dire avec des mots, mais qui est bon ou pas pour nous, à un moment donné dans un parcours de vie.

Qu'une cliente se mette à pleurer à l'évocation d'une difficulté ou d'un événement du passé qui vient se rappeler à elle comme un échec non « digéré », je trouve cela libérateur pour elle. Ensuite elle y mettra des mots, et cet épisode douloureux de sa carrière sera digéré. La page pourra alors se tourner.

▪ Tester, expérimenter

C'est faire autrement pour voir autrement (et vice versa).

Le coach va demander à son client de mettre en actes certaines idées. Le coaching n'est pas qu'une discussion à bâtons rompus, elle va se traduire dans la réalité par des changements, petits pas d'abord, qui donneront de grands résultats ensuite. On dira que le client expérimente, en toute sécurité, car le coach l'aide à prendre en considération les risques, les obstacles : il vérifie le respect de son « écologie », c'est à dire que son client ne se mette pas en danger. Après l'expérimentation active, la séance suivante permettra le débriefing : le retour sur l'action et ses impacts. Et en fonction, il réoriente l'énergie de son client dans la direction qui lui convient. Avec l'aide de ses émotions : que ressent-il dans cette situation ? Peur, ennui, colère ou au contraire joie, fierté, excitation ? La personne sait quel est son moteur, le coach l'aide à se donner les moyens de l'alimenter.

Une cliente découvre qu'elle a un travail qu'elle aime certes mais qui est parfois très solitaire dans la production de tableaux d'indicateurs, or elle aime l'exercer pour les autres et au contact des autres, en leur expliquant les résultats de ses tableaux Excel. Elle orientera son évolution professionnelle vers un poste opérationnel et un secteur de production, au contact et en proximité des opérationnels.

- **Voir autrement, redécouvrir**

> **« Les choses ne changent pas, change ta façon de les voir, cela suffit »**
> **Lao Tseu**

Parfois, il suffit de considérer les choses sous un jour nouveau, positif, pour que les blocages tombent comme des feuilles mortes.

On parle de recadrage.

Si Eliette cesse de penser que sa manager est son ennemie et lui veut du mal, elle va nécessairement être moins sur la défensive, et nous savons bien que sur la défensive nous sommes peu affables, peu aimables ! Moins sur ses gardes, plus ouverte aux autres, Eliette va générer des comportements de coopération à son égard. Inattendus parfois.

Souvent, nous prêtons aux autres des intentions négatives à notre égard, sans imaginer que leur attitude de repli, de renfermement, d'agressivité, a des causes qui leur sont propres ! Ils ont peut-être accusé une mauvaise nouvelle, vécu une frustration mal acceptée, ou ressenti un sentiment d'injustice, bref nous n'en savons rien ! Alors pourquoi imaginer en être la cause ?

Quand on cesse de vouloir convaincre quelqu'un à tout prix, qu'on cesse d'imaginer être la cause de sentiments négatifs, et qu'on laisse l'autre se positionner où il en est de sa réflexion, on se dégage d'un enfermement et on rend sa liberté d'exister à chacun.

f) Quatrième étape : Conclure, être autonome, poursuivre

- **Faire le bilan**

Vient le moment de la dernière séance, où l'on arrive au terme du parcours, et où l'on regarde le chemin parcouru.

On fera le bilan de l'atteinte de l'objectif : A-t-il été totalement atteint ? Partiellement ? Pour quelles raisons ? A-t-il été facile ou difficile à atteindre ? Qu'est-ce qui a été aidant ? Qu'est-ce qui a posé problème ? Plus ou moins qu'attendu ? Qu'est-ce que la personne a appris ? Sur elle-même, sur les autres ?

Qu'est-ce qui a changé dans sa vie ?

Ce moment de bilan est très important, pour le client qui visualise ses progrès, ses acquis, pour le coach qui reçoit aussi le « feedback » de son client, c'est à dire le retour sur les points forts de l'accompagnement et sur les axes de progrès.

- **Se dire au revoir**

Toute bonne chose a une fin !

La relation de coaching a un début et une fin. Il ne s'agit pas de créer une dépendance. L'autonomie de la personne est visée dès le début, et le coach s'attachera à vérifier pas à pas que le client est capable de pérenniser la démarche engagée seul. Après la dernière séance, celle du bilan, il est prêt à se donner de nouveaux objectifs.

- **Poursuivre**

Le travail engagé ne s'arrêtera pas avec le coaching. Des graines ont été semées, dans la façon d'interagir avec les autres, de se connaître, de s'apprécier, de prendre du recul sur les situations, de voir avec optimisme les opportunités de changement. Cette approche perdure au-delà du coaching.

Et il n'est pas rare de récolter de nouveaux bénéfices encore quelque temps après : une promotion, une félicitation, un succès managérial, un nouvel emploi, un lancement d'activité, etc. Je suis toujours touchée des nouvelles données quelque temps après le coaching par mes anciens clients (qui de ce fait font un lien entre leurs réussites futures et leur expérience de coaching !). Touchée et très fière du chemin qu'ils ont parcouru. Joyeuse aussi de les voir exploiter leurs talents. Pour eux et pour la société.

6. Et si ça ne marche pas ?

Evaluons à présent nos « chances de succès » d'arriver à pont port !

« L'échec est le fondement de la réussite. »
Lao Tseu

---

a) Et en plus, ça fonctionne !

Amis cartésiens, nous y voilà !

Moi aussi, j'ai aimé les indicateurs de mesure de performance, les KPI, les données factuelles et objectives, les tableaux de bord de mesure et suivi…

Moi aussi, j'ai aimé les processus, les modes opératoires linéaires, les résultats garantis…
Et moi aussi, je cherche toujours à comprendre pourquoi et comment avant de faire.
Moi aussi, je préfère ne pas faire plutôt que risquer d'échouer.
Moi aussi, avant de me lancer, je calcule, j'évalue les risques et prudente, je regarde si tous mes indicateurs sont au vert.

Alors, regardons les indicateurs :
l'ICF (International Coach Federation) a investi dans des recherches pour mesurer l'efficacité du coaching (études

commandées entre 2009 et 2012 et menées par PwC) : 86% des entreprises ayant mis en place du coaching disent que cela « fonctionne ». (C'est-à-dire qu'elles ont récupéré au moins leur investissement). 1/5 des entreprises ont mesuré un ROI (retour sur investissement) de 50 et 1/3 des entreprises entre 10 et 50 : cela signifie que pour 1€ investi, elles évaluent avoir gagné entre 10 et 50 €. Quels placements sont aussi rentables ?

Concernant les clients, les « bénéficiaires du processus de coaching individuel », 99 % sont satisfaits de l'expérience et 96% renouvelleraient l'expérience.

Ces indicateurs-là m'impressionnent toujours.
Mais aujourd'hui, ils ne me préoccupent plus comme avant.

Et si c'était précisément cela, d'avoir le nez collé aux indicateurs, qui nous rendait frileux, si c'était cela qui m'avait si longtemps empêchée d'avancer, et de réaliser ce pour quoi précisément j'étais faite.
La peur de l'échec.
Alors une fois n'est pas coutume, envisageons « l'échec », comme une formidable opportunité d'avancer. Combien de carrières littéraires lancées grâce à l'échec à de trop sélectifs concours !

b) Erreurs, échecs : quels rôles dans l'apprentissage ?

Culturellement, nos modes d'apprentissage traditionnels ne valorisent pas l'erreur, l'échec. Nos systèmes éducatif et professionnel français les condamnent. Là où parfois il pourrait y voir des occasions inespérées d'apprendre à se connaître, à mieux s'orienter, il évalue en bons et mauvais, il est dans le jugement de la personne et non dans l'analyse de l'adaptation entre la personne et la situation. Une question clé en entretien de recrutement est pour moi « qu'avez-vous raté dans votre carrière ? » immédiatement suivi de « que cela vous a-t-il permis d'apprendre ? »

Déplaçons donc notre regard avec bienveillance.

Rebondir sur nos défaites.

L'échec est source de progrès. Sur le coup, il n'est jamais agréable, ni à l'élève, qui ramène une mauvaise note, ni au sportif, qui repart sur une défaite, ni au professionnel qui reçoit un licenciement,...

Toujours il est déclencheur d'un changement d'état d'esprit. Cet échec nous dit forcément toujours quelque chose sur nous et la situation à laquelle nous nous sommes confronté. Avions-nous anticipé la situation ? Etions-nous suffisamment préparés ? Avions-nous réellement envie de réussir ? Autre chose était-il plus important pour nous à ce moment-là ? Avons-nous envie de faire autrement la prochaine fois ?

L'enfant qui se lance pour apprendre à marcher ne renonce pas dès sa première chute. Sans doute ne sait-il pas qu'il tombera de nombreuses fois avant de réussir. Et sans doute parce qu'il ne se pose pas cette question, mais qu'il visualise son arrivée à l'autre bout des bras qui se tendent vers lui, est-ce pour cette raison qu'il finit par réussir.

De la même façon, on prône aujourd'hui le droit à l'erreur. Car il vaut toujours mieux assumer de ne pas savoir et de se tromper, et ainsi apprendre et progresser.

c) Freins, peurs : nos mécanismes de défense !

Notre peur de l'échec est légitime, et si elle nous pousse vers l'excellence et vers la persévérance alors elle est utile. En revanche, si elle nous paralyse, elle devient un frein à notre développement et nous prive d'essayer. Et donc de réussir. Et donc nous maintient dans l'échec.

Le pire serait de penser que nous n'avons pas le droit d'avoir peur.

Acceptons notre peur, notre vulnérabilité, notre manque de contrôle sur tout. Notre peur est d'autant plus naturelle qu'elle a pendant longtemps été l'émotion la plus nécessaire à notre survie, nous prévenant du danger à venir, elle enclenchait nos mécanismes de défenses et a ainsi permis la survie de notre espèce à une époque préhistorique particulièrement redoutable pour l'espèce humaine. Il nous reste malheureusement de cette époque une caractéristique du fonctionnement de notre cerveau, qui détecte plus rapidement et stocke plus aisément les expériences négatives que les expériences positives. De plus, pour compenser les effets d'une interaction relationnelle négative (ayant généré de la peur ou de la colère), il faudra 5 interactions relationnelles positives (ayant généré de la joie, de la satisfaction, de la fierté) ! Autant dire que la peur ressentie prend toujours beaucoup plus de place de que les autres émotions vécues.

Et face à nos peurs, si nous choisissions consciemment nos réponses. Sécurisons-nous, en commençant par exemple par trouver notre point d'équilibre en notre besoin de stabilité et notre besoin de développement.

Et vous, en pratique ?

De quoi avez-vous le plus peur pour votre avenir professionnel ? Que risquez-vous à changer ? Et à ne pas changer que risquez-vous ?

....

....

....

....

d) Ne pas tout savoir à l'avance, se laisser surprendre

> « C'est ce que nous croyons savoir qui nous empêche
> le plus d'apprendre. »
> **Claude Bernard**

Quand on se lance dans un coaching, on se fixe un objectif. Sur la ligne de départ, on part plein de certitudes et de croyances limitantes, que le coaching aidera à regarder avec distance, à questionner, remettre en cause, et remplacer parfois. Il y a donc une réalité au début qui va évoluer. Et l'on ne sait pas à l'avance vers quelles découvertes ce chemin va mener. C'est tant mieux.

Réussit-on toujours à atteindre son objectif ?
Je dirai que oui. Sous deux conditions. Celle du temps que l'on accepte de se laisser de manière réaliste pour mener son changement. Celle de la motivation réelle dans l'objectif. Est-ce bien « mon » objectif ? Pas celui de quelqu'un d'autre (mon chef, mes parents, mon conjoint, mes amis) ?

Atteindre son objectif, c'est donc parfois le faire évoluer en cours de route. Le renoncement à l'objectif initial, loin d'être vu comme un échec inadmissible est considéré comme un formidable progrès dans la connaissance de soi. Je me souviens de cet ingénieur qui voulait changer d'entreprise, ne supportant plus les nouvelles pratiques managériales en cours dans sa société. Mais après le coaching, il avait pris de la distance, obtenu dans son entreprise une nouvelle mission plus en phase avec ses aspirations, regardé le marché, les autres options extérieures lui avaient semblé trop risquées et pas adaptées à ce moment de sa carrière, et il avait décidé de rester. Changer d'entreprise était un moyen imaginé pour sortir de son « mal-être » professionnel. L'objectif qu'il a atteint à la place a été de trouver un bien-être professionnel dans son espace-temps professionnel actuel.

e) Que faire ensuite, où bifurquer ?

Le coaching peut donc être une phase de réalisation, ou une première étape, une prise de conscience. Mais il enclenche toujours quelque chose qui va se poursuivre. Soit l'objectif est atteint, soit l'objectif est revu, réorienté, soit l'objectif est fractionné.

Dans tous les cas, le coaching a une fin, ce n'est pas une dépendance, ce n'est pas une thérapie, c'est une voie vers l'autonomie. A la fin, le bilan permet de regarder le chemin parcouru, et de regarder ce qui est devant. Le nouveau chemin tracé appartient maintenant à la personne en toute autonomie, elle pourra décider ensuite de ses choix à venir.

A un moment dans le futur, la question du chemin se reposera certainement, au gré des options nouvelles qui se présenteront.

Anticiper les possibles sera alors une expérience non plus inédite, non plus redoutée, mais connue et appréciable.

7. A l'arrivée, l'esquisse de nouveaux horizons

Nous voilà arrivés au terme de notre voyage.

Notre objectif atteint, que nous ayons la sensation d'avoir gravi l'Everest ou plus simplement vu la ligne d'arrivée à franchir se rapprocher, prenons alors de l'altitude pour visualiser le parcours que nous venons de réaliser.

Nous pouvons ressentir une immense fierté, une joie étonnante, et le plaisir de la réussite personnelle. Un sentiment de bien-être nous enveloppe. Laissons-nous le temps d'en prendre conscience.

Dans ce parcours, nous avons suivi notre guide.
Nous sommes partis de notre situation professionnelle de départ, nous avons regardé en face nos difficultés, nous avons décrit nos souhaits, nos destinations de rêves, sans trop y croire au départ.

Nous avons imaginé une situation de bien-être au travail.
Un équilibre entre nos vies, professionnelle et personnelle.

Un équilibre entre nos besoins, de stabilité et de progrès.

Un équilibre entre nos forces, nos contraintes et nos ressources.

Un équilibre entre nous et les autres, où chacun est reconnu et trouve sa juste place.

Nous avons voulu changer !

Nous avons compris avec notre raison et nos émotions que tout changement crée de l'inconfort, et qu'un changement subi et rapide peut aussi créer de la souffrance. Que nos difficultés, notre souffrance au travail peuvent aussi venir de ce rythme imposé de changements externes qu'il nous faut du temps pour s'approprier. Nous avons accepté l'incertitude du changement et l'interdépendance : nous dépendons des autres, et nous pouvons demander de l'aide. Nous avons ressenti la nécessité pour nous de transformer la situation de départ, de se lancer dans une expérience de voyage unique.

Nous avons osé !

Nous remettre en question dans nos habitudes et nos façons usuelles de penser, de voir, d'agir. Nous avons mis des mots sur ce que nous ressentons, accepté d'être nous-même, essayé de faire autrement sans garantie que cela va fonctionner. Nous nous sommes donné des permissions. Nous avons observé nos comportements évoluer, ceux des autres et vu de nouvelles interactions se créer.

Et progressivement, nous avons retrouvé le sourire, la joie simple, la bienveillance naturelle. Nous nous sommes même surpris à penser que tout était possible. Nous avons fait des petits pas d'abord, puis nous nous sommes sentis pousser des ailes et mener des pas de géants vers notre destination.

Dépaysant, notre voyage nous a appris à voir notre décor quotidien autrement, à changer de lunettes, et à prendre de la hauteur pour changer de point de vue. Notre horizon de nouveau dégagé, nous pouvons voir plus loin, et déjà esquisser de nouveaux projets... Eternel voyageur...

J'ai voulu ce livre utile pour chacun.

Sitôt un voyage se termine agréablement, que l'on rêve d'imaginer le suivant. Mon prochain voyage est de contribuer à promouvoir le coaching et en démocratiser l'accès.

Mon ambition pour le coaching, est qu'il devienne un outil accessible au manager, au salarié, au demandeur d'emploi. Au service de leur bien-être, mais aussi de leur droit à un emploi digne, plaisant et utile à la société. Que chacun puisse trouver et tracer sa voie, que chacun puisse être aidé à construire son propre chemin professionnel.

Je vous souhaite bonne navigation, muni de ce livre. Puisse-t-il vous apporter, consciemment ou inconsciemment, des ressources utiles pour être bien au travail, pour être bien dans la vie.

Bons voyages à venir.

8. Bibliographie

- Alter Norbert,
  Donner et prendre, la coopération en entreprise,
  Editions la découverte, 2010

- Boussuat Brigitte, Lefevre Jean,
  Former avec le funny learning, quand les neurosciences réinventent vos formations,
  DUNOD, 2015

- De Bono Edward,
  La boite à outils de la créativité,
  Eyrolles, 2013

- Dupuy François,
  Lost in Management,
  Editions du Seuil, 2011

- Kourilsky Françoise,
  Du désir au plaisir de changer,
  DUNOD, 1995

- Lenoir Frédéric,
  La puissance de la joie,
  Fayard, 2015

- Payette Adrien, Champagne Claude,
  Le groupe de co-développement professionnel,
  Presses de l'université du Québec, 2010

- Rogers Carl R.,
  Le développement de la personne,
  Interéditions, 1968

- Rosenberg Marshall B.,
  Introduction à la communication non-violente, Les mots sont des fenêtres (ou bien ce sont des murs), Editions la Découverte, 2005

- Thévenet Maurice,
  la culture d'entreprise,
  PUF, 2011

9. Retrouvez les citations de cet ouvrage…

… Aujourd'hui et aussi souvent que nécessaire…

« Choisissez un travail que vous aimez, et vous n'aurez jamais à travailler un seul jour dans votre vie. »

Confucius

(philosophe chinois -551 av JC- 479 av JC)

« Tout voyage de mille lieues commence par un premier pas. »

Lao Tseu

(sage chinois fondateur du taoïsme ou personnage mythique, contemporain de Confucius)

« Seule compte la démarche. Car c'est elle qui dure et non le but qui n'est qu'illusion du voyageur quand il marche de crête en crête comme si le but atteint avait un sens. »

Antoine de Saint-Exupéry

(écrivain, poète et aviateur français, 1900-1944)

« J'ai décidé d'être heureux parce que c'est bon pour la santé. »

Voltaire

(écrivain et philosophe français des Lumières, 1694-1778)

« Rien n'est permanent dans ce monde, pas même nos problèmes. »

Charlie Chaplin

(acteur, réalisateur, scénariste britannique, 1889-1977)

« Nous changeons le monde plus vite que nous pouvons changer nous-même »

Winston Churchill

(homme d'état britannique, 1874-1965)

« On mesure l'intelligence d'un individu à la quantité d'incertitudes qu'il est capable de supporter »

Emmanuel Kant

(philosophe allemand, 1724- 1804)

« Donne un poisson à un homme et tu le nourris pour un jour. Enseigne-lui à pêcher et tu le nourris pour une vie entière. »

Lao Tseu

« La seule façon d'accomplir est d'être. »

Lao Tseu

« Votre temps est limité, ne le gâchez pas en menant une existence qui n'est pas la vôtre. »

Steve Jobs

(entrepreneur et inventeur américain, 1955-2011)

« Les relations sont surement le miroir dans lequel on se découvre soi-même. »
Jiddu Krishnamurti
(philosophe indien, 1895-1986)

« Les hommes construisent trop de murs et pas assez de ponts. »
Isaac Newton
(philosophe, mathématicien, physicien, alchimiste, astronome britannique 1642-1727)

« Quoique tu rêves d'entreprendre, commence-le. L'audace a du génie, du pouvoir, de la magie. »
Goethe
(écrivain, poète et homme d'état allemand, 1749-1832)

« Seules les choses qui dépendent de nous doivent nous préoccuper. »
Epictète
(philosophe grec, 50 – 125 ?)

« L'avenir, tu n'as pas à le prévoir, tu as à le permettre. »
Antoine de St Exupéry

« Soyez le changement que vous voulez voir dans le monde. »
Mohandas Karamchand Gandhi
(dirigeant politique guide spirituel indien, 1869-1948)

« La sagesse suprême est d'avoir des rêves assez grands pour ne pas les perdre du regard tandis qu'on les poursuit. »
William Faulkner
(écrivain américain, 1897-1962)

« Ce n'est pas parce que les choses sont difficiles que nous n'osons pas mais parce que nous n'osons pas que bien des choses sont difficiles. »
Sénèque
(philosophe et homme d'état romain, 4 av JC- 65 apr JC)

« La connaissance s'acquiert par l'expérience, tout le reste n'est que de l'information. »
Albert Einstein
(physicien théoricien allemand, suisse, américain, 1879-1955)

« Les choses ne changent pas, change ta façon de les voir, cela suffit »
Lao Tseu

« L'échec est le fondement de la réussite. »
Lao Tseu

« C'est ce que nous croyons savoir qui nous empêche le plus d'apprendre. »
Claude Bernard
(médecin physiologiste français, 1813-1878)

« Ce que j'aime dans les voyages, c'est l'étonnement du

retour »

Stendhal

(écrivain français, 1783-1842)